Hot Cake

「ホットケーキの神さまたち」に学ぶ

ビジネスで成功する10のヒント

遠藤 功
Endo Isao

東洋経済新報社

はじめに

▼ガイドブックとしても使えて、ビジネス書としても役に立つ

著者の私が言うのも変ですが、この本はじつに奇妙な本です。

ホットケーキの美味しいお店を紹介する探訪記・ガイドブックでありながら、ホットケーキという食べ物からビジネスを考えるというビジネス書の要素も兼ね備えています。

スイーツのガイドブックとして使えて、ビジネス書としても役に立つ。

よく言えば「一粒で二度美味しい」、悪く言えば「二兎を追う者は一兎をも得ず」に陥りかねない、へんてこりんな本です。

そんな奇妙奇天烈な本を、最初から想定していたわけではありません。

当初は素朴に「ホットケーキの美味しいお店を紹介したい」という思いからスタートしたのですが、途中から書きたいことが少しずつ増えていってしまったのです。

私はお酒が大好きです。ワインでも日本酒でも焼酎でも何でも飲みます。だからといって、スイーツが嫌いというわけではありません。出されれば美味しく食べますが、なければないでやっていけます。

しかし、ホットケーキという食べ物だけには妙に思い入れがあります。念のために言いますが、パンケーキではありません。ホットケーキです（ホットケーキとパンケーキの違いについては後ほど説明します）。

もちろんパンケーキも食べますし、食べれば美味しいとは思いますが、ホットケーキほどの思い入れや感慨はありません。

私にとって、ホットケーキは特別な食べ物なのです。

▼万惣フルーツパーラー閉店の衝撃

その昔、神田須田町に万惣《まんそう》フルーツパーラーというホットケーキの名店がありました。

小学生のころ、幼い弟と一緒に父に連れていってもらい、はじめてホットケーキを食べたのがそのお店でした。

万世橋のたもとに、交通博物館という乗り物のテーマパークがあり、その帰りに、必ず万物に寄りました。

展示されている蒸気機関車や新幹線こだまにワクワクしながらも、私にとってはホットケーキが大きな楽しみのひとつでした。

それが私のホットケーキの原体験です。

その万物が、２０１２年（平成24年）に忽然と消えてしまいました。

「ひさしぶりにホットケーキでも食べよう」と出向いたのですが、シャッターが下ろされ、「閉店しました」の張り紙が貼られていました。

私はしばし呆然となりました。

たかがホットケーキで、なぜそこまでショックを受けたのか、自分でも不思議でした。

でも、そのときの私は、なぜかこう思っていました。

――いかん、このままではホットケーキは消えてなくなってしまう。いまのうちに美味しいホットケーキを食べておかなければ……。

ホットケーキという昭和の偉大な食べ物が「絶滅危惧種」であることに気がついた私は、それ以来、美味しいホットケーキを探し求め、食べ歩くようになりました。

▼手づくりホットケーキを供する個人経営のお店を訪ね歩いて

とはいえ、そこまで肩に力を入れてやっているわけではありません。

日常生活の中で、ぽっと時間が空いたときに、ホットケーキの美味しいお店を探し、その味を楽しむ。あくまでも自然体が基本です。

私が調べた限り、手づくりのホットケーキを供する個人経営のお店は、首都圏にせいぜい40店舗ほど。

私はほとんどすべてのお店を訪ね、ホットケーキを食べ歩いてきました。お気に入りのお店には、何度も通っています。

面白いことに、そうしたお店の多くは、各駅停車しか止まらないようなちょっとマイナーなところにありました。

平井、森下、春日、八幡山、祖師ヶ谷大蔵、戸越銀座、池上、鶴見、稲田堤……。私にとってもはじめて降り立つ駅ばかり。ちょっとした小旅行気分です。

そんな街にはスターバックスやタリーズといったメジャーなコーヒーショップはありません。

その代わりに、地元に根付き、地元の人たちから愛される小さな喫茶店やフルーツパーラーが元気に営業していました。

そして、そこで出会ったホットケーキたちも、じつに個性的でした。粉を溶いて、かき混ぜて、焼くだけの超シンプルな食べ物なはずなのに、見た目も形も味もまったく違う。

しかも、生クリームやフルーツなどの余計なデコレーションがないので、個性がダイレクトに伝わってきます。

なかには、「これがホットケーキ?」と思うほど斬新でモダンな進化系のホットケーキもあります。

便利にはなったかもしれないけれど、画一的で味気ないものばかりになってしまった都会の中で、不揃いながらも「オレはここにいるぜ!」と静かに個性を主張するホットケーキたちは、砂漠のオアシスのようにキラッと輝いて見えました。

▼ホットケーキは世界を魅了していた

ここまでの話なら、たんなる「ホットケーキ好きのおじさんの探訪記」で終わってしまいます。

でも、ホットケーキの美味しいお店を訪ねるうちに、経営コンサルタントという私の職業病が徐々に頭をもたげてきました。

美味しいホットケーキを食べに行きながらも、ビジネスとしての疑問がいくつも湧いてきたのです。

——なぜこのお店は、面倒くさくて値段も安いホットケーキを提供しているんだろう？

——なぜ見栄えがよくて値段も高いパンケーキにしないんだろう？

——なぜ家庭でもつくれるホットケーキをわざわざ並んででも食べに来るんだろう？

——なぜ来日する外国人たちはこぞってホットケーキのお店に押しかけるんだろう？

——どうやってこんなに斬新でモダンなホットケーキは生まれたんだろう？

とりわけ、ホットケーキの名店・ピノキオの店主である塩谷三夫さんから聞いた話は衝撃的でした。

ある朝、フロリダから来たという米国人の4人家族が、なんと黒塗りのハイヤーで板橋の大山にあるピノキオに乗りつけ、朝食代わりにホットケーキを食べていったというのです。

彼らは楽しそうに談笑しながら、美味しそうにホットケーキを頬張り、待たせていたハイヤーで銀座の高級ホテルに戻っていったそうです。

私たちが知らない間に、ホットケーキは世界を魅了していたのです。

私たちが気づいていない、意識していない価値を、外国人たちは高く評価しているのです。

それだけの魅力が、ホットケーキという食べ物には秘められていることに気がつきました。

▼繁盛するには理由《わけ》がある

ビジネスとは「差別化」を追求することだと私は思っています。

差別化なんて言葉を使うとぎょっとする人もいるかもしれませんが、要は「ほかの人たちとは違う何か」を生み出すことができなければ、ビジネスで成功することはできません。

私が訪ね歩いたお店は、ホットケーキという一見ありふれた食べ物で差別化することに成功し、多くのお客さまたちを魅了しています。

繁盛店では、とんでもない数のホットケーキが供されています。

京都の老舗喫茶店・スマート珈琲店では、平日でも100~200食のホットケーキが出ます。年間にすれば、5万食は出ている計算になります。

大阪東梅田のサンシャインでは、1年間に2万7000食。

飲み物が付いたホットケーキセットは810円なので、ホットケーキで年間の売り上げが2000万円を超えます。

街場の小さなお店にとっては、けっして小さな数字ではありません。

地味で、ありふれていて、時代遅れで、誰でもつくれると思われているホットケーキを求めて、世界中から人が押し寄せる。それは差別化されていることの証しにほかなりません。

――繁盛するには理由《わけ》がある!

私はいつしかそう思うようになりました。

1冊の本にお店のガイドブックとビジネス書の両方を盛り込むという珍妙なる本は、こうして誕生しました。

この本は2部構成になっています。

ＰａｒｔⅠでは、私が訪ね歩いた首都圏そして関西の31の名店を紹介します。ホットケーキの味だけでなく、それぞれのお店の歴史や店主のみなさんの思いもご賞味ください。

ＰａｒｔⅡでは、ホットケーキの繁盛店が私に教えてくれたビジネスで成功するためのヒントをまとめています。

一見ありふれていると思われているホットケーキでも、いやホットケーキだからこそ、ビジネスとして成功するチャンスがある。

そのポイントを紹介したいと思います。

本の構成として相当無理があるのは、承知の上です。

美味しいホットケーキのお店を探している人はＰａｒｔⅠから、ホットケーキにはたいして興味はないけどビジネスを勉強したいという人はＰａｒｔⅡから、読んでいただければ幸いです。


（注釈）本書に登場するお店の情報や価格は２０１９年2月末時点のものです。

［目次］

「ホットケーキの神さまたち」に学ぶ ビジネスで成功する10のヒント――

Part I ホットケーキの名店探訪記 027

1 昔ながらのクラシックにこだわる【下町エリア】の名店

2

洗練された
進化系モダンに挑戦する
【都心エリア】
の名店

3

地元に根付きながら
個性を追求する
【住宅地エリア】
の名店

4

歴史ある街で独自性を磨く【神奈川エリア】の名店

5

正統派を貫き、庶民に愛されつづける【関西】の名店

Part Ⅱ

プロローグ

はじめにホットケーキについてちょっと勉強しましょう

▼「ホットケーキ」と「パンケーキ」、いったい何が違うの？

ホットケーキの美味しいお店を訪ねる前に、知っているようでじつはよく知らないホットケーキという食べ物について少しばかり勉強したいと思います。多くの人が感じている素朴な疑問から始めましょう。それは、

——ホットケーキとパンケーキは何が違うの？

ということ。

じつは、これはけっこう深遠なる問いかけです。同じだと言えば同じだし、違うと言えば違うとも言えます。

欧米人に尋ねれば、「ホットケーキもパンケーキも同じもの。呼び方が違うだけさ」と答えるでしょう。欧米人は一般的にはパンケーキと呼びますが、時には同じものをホットケーキということもあります。

でも、日本人の多くは、ホットケーキとパンケーキは別の食べ物だと認識しています。ホットケーキは「厚みがあって、ふっくらしていて、バターを塗り、メープルシロップをかけて食べるもの」というイメージでしょう。

一方、パンケーキは「薄くて、生クリームやフルーツをたっぷりデコレーションして食べるもの」と思っている人が多いのではないでしょうか。

ホットケーキミックスとパンケーキミックスの両方を販売している森永製菓によると、2つの違いは「甘さの違い」と「膨らみの違い」にあるそうです。

つまり、ホットケーキはふっくらふんわりしていて、甘みのある生地そのものを楽しむもの。

それに対して、パンケーキは薄く焼き上がった生地自体の味は控えめで、スイーツとしてだけでなく、食事にも合うようになっています。

ちなみに森永製菓によると、美味しいホットケーキの最適な厚さは、2・3センチだそうです。この緻密さ、こだわりが日本の真骨頂です。

▼「ハットケーキ」として日本に登場

日本でいうところのホットケーキのルーツは、パンケーキです。

それが文明開化とともに欧米から日本に入ってきて、独自の進化を遂げ、ホットケーキという日本独特の食べ物が生まれました。

パンケーキが日本にはじめて紹介されたのは1884年、明治17年のことです。

英国の『百科全書』という本が丸善商社出版から翻訳・出版され、その中でパンケーキなる食べ物が「薄餅」として紹介されました。

その「薄餅」が日本人に提供されるようになったのは、大正時代に入ってからのことです。1923年（大正12年）に日本橋のあるデパートの食堂で、はじめて「日本版薄餅」がお目見えしました。

「薄餅」は、西洋のような食事としてではなく、デザート（甘味）として日本に登場したのです。

その際に、名付けられたのが「ハットケーキ」という名前でした。

日本人には「ホット」が「ハット」と聞こえたことから、「ハットケーキ」になったようです。

昭和に入り、「ハットケーキ」は「ホットケーキ」と呼ばれるようになり、庶民が憧れるハイカラな食べ物として人気が高まりました。

当時、ホットケーキを食べられる場所は、百貨店の大食堂かお洒落なカフェもしくはフルーツパーラーに限られていました。

どちらも文化人やハイソな人たちが集う、お洒落でモダンな場所でした。

▼ホットケーキミックスの普及で家庭の味に

昭和に入り、一般の日本人の暮らしにも、西洋の文明や文化が徐々に入り込んできました。

それでも、百貨店の大食堂や洋食店、カフェ、フルーツパーラーで食べる西洋の食べ物は、庶民にとっては高嶺の花でした。

そこで、自宅で手軽につくれ、家族で楽しめるものとしてホットケーキの人気が高まっていきました。

1950年（昭和25年）に刊行された『美しい暮しの手帖』では、「誰にでも必ず出来るホットケーキ」と題して、ホットケーキのつくり方が写真入りで掲載されています。

解説しているのは、巴里コロンバン銀座支店の店長さん。コロンバンといえば、当時最もお洒落な憧れのカフェ。

庶民たちは、この記事を参考にして、自宅で本格的なホットケーキに挑戦したのでしょう。

とはいえ、ホットケーキを家庭でつくるとなると、それなりの手間がかかります。小麦粉とベーキングパウダーをふるいにかけ、それに卵、牛乳をダマにならないよう丁寧に混ぜてから焼く。けっして簡単、お手軽ではありません。

そこで、登場したのが「ホットケーキミックス」です。

日本の家庭にホットケーキという食文化が広がったきっかけのひとつは、間違いなくホットケーキミックスの誕生です。

現在のような加糖タイプのホットケーキミックスが発売されたのは、1957年（昭和32年）のこと。60年以上続くロングセラー商品です。

じつは、それ以前にもホットケーキミックスは売られていました。しかし、それは無糖タイプのもので、ほとんど普及しませんでした。

1957年に製粉メーカー、製菓メーカーなどがこぞって加糖タイプのホットケーキミックス市場に参入し、需要はいっきに拡大しました。

5年後には、主だったところだけでも17社が熾烈な競争を繰り広げました。

こうして、ホットケーキは家庭の味として普及していったのです。

▼「看板商品」となった万惣のホットケーキ

ホットケーキミックスの普及で、「ホットケーキは家庭で食べるもの」と認識されるようになっていきました。

それにつれて、ホットケーキを提供していた喫茶店やフルーツパーラーのメニューからホットケーキは消えていきました。

それでも、ホットケーキにこだわり、家庭では食べられない美味しいホットケーキを出すお店は残りました。

その代表が、神田須田町の万惣フルーツパーラーです。

昭和のはじめのころ、加茂謙さんという伝説の職人がいて、彼こそが「万惣のホットケーキ」の生みの親だと言われています。

万惣のホットケーキは、作家の池波正太郎らに絶賛され、万惣の「看板商品」のひとつになりました。私がホットケーキという食べ物と出会ったのも万惣でした。

ふっくらふんわりしたホットケーキの上品な味わいと食感。そして、濃厚で深みのあるメープルシロップ。

ホットケーキとバターとシロップが混然一体となり、誰もが思わず「美味しい！」とつぶやくほどの逸品でした。

残念ながら、万惣は閉店してしまいましたが、万惣で働いていた何人かの人たちが、それぞれの流儀で店を開き、万惣の志と味を受け継いでいます。

私のように昔の万惣を知っている人たちだけでなく、万惣を知らない若い世代も本物のホットケーキを楽しんでいます。

▼ホットケーキ文化を支える珈琲館出身の人たち

ホットケーキは「ホットスイーツ」の一種、つまり温かい状態で食べるものです。注文が入るたびに焼いて提供するというのは、とても手間暇がかかります。値段も安いので、経営的に見ればなかなか採算に合いません。

同じスイーツを提供するのであれば、あらかじめつくり置きができるチーズケーキのような焼き菓子のほうが、はるかに経済合理性にかなっています。

ホットケーキを食べることができるお店が消えていく中で、ある喫茶店チェーンが東京で誕生します。それが珈琲館です。

珈琲館は1970年（昭和45年）に真鍋国雄さんが、1号店を開きました。その後、チェーン店を拡大させ、いまでは日本全国に約300ものお店があります。

ほかのチェーン店のように工場でコーヒーをつくるのではなく、各店舗でサイフォンなどで一杯ずつ淹れる質の高いコーヒーを売りに開業しました。

食事メニューも本格的なものを取りそろえ、なかでも銅板で焼くホットケーキはとても人気があります。

じつは、ホットケーキの美味しい個人経営のお店には、かつて珈琲館でフランチャイズ店を経営していたところが多いのです。

珈琲館で喫茶店の基本を学び、やがて独立した人たちが、自分のお店でもホットケーキをメニューに残し、じつに個性的なホットケーキを提供しています。

しかし、そうしたお店を加えても、手づくりのホットケーキを提供する個人経営のお店は、首都圏で40店舗ほど。とても貴重な存在なのです。

▼クラシックとモダン

手づくりのホットケーキを提供する個人経営のお店は、大きく分けると「カフェ系」と「フルーツパーラー系」に分けることができます。

どちらも昭和初期のころは、とてもハイカラな時代を先取りするお洒落な場所でした。

「カフェ系」は、さらに「純喫茶系」と「喫茶店系」に分かれます。

「純喫茶系」は基本的にコーヒーを楽しむところ。食事メニューは限定的で、トーストやホットケーキなどコーヒーの味を損なわないものだけを提供しています。

珈琲豆を自家焙煎するお店も多く、本物のコーヒーにこだわっているお店です。

一方、「喫茶店系」は食事メニューを充実させ、食事処としても使える便利な場所です。ナポリタンなどのスパゲティ、オムライスなどB級グルメの人たちにも人気です。

「フルーツパーラー系」ホットケーキの元祖は、万惣フルーツパーラー。コーヒーだけでなく、フルーツとの相性もいいので、多くのフルーツパーラーでホットケーキが供されるようになりました。

それぞれのお店の生い立ちや歴史はさまざまですが、そこで供されるホットケーキもけって一様ではありません。

昔ながらのクラシックなホットケーキだけでなく、「えっ、これがホットケーキ?」と思うほど、モダンで洗練された味や見た目のホットケーキを供するお店も増えてきています。

「ホットケーキなんてどれも同じだろう」と思っている人が多いと思いますが、じつはそうではありません。

それぞれのお店が、それぞれのこだわりを持ち、独自の味、食感、デザインを追求しています。

ホットケーキは、じつに奥の深い食べ物なのです。

さて、お勉強はこれくらいにしておきましょう。

ＰａｒｔⅠでは、私が食べ歩いた31のホットケーキの名店を紹介したいと思います。

Part I

ホットケーキの名店探訪記

日本全国に手づくりのホットケーキを供する個人経営のお店がどれくらいあるのか定かではありません。

私が調べた限り、首都圏に40店舗ほど。喫茶店文化がまだ残る関西圏にも10店舗ほどはあるようです。

おそらく日本全国で１００店舗を超えることはないでしょう。

もちろんホットケーキを供するチェーン店はいくつかあります。ホットケーキ好きにはありがたいのですが、やはり個性には欠けます。

出張で日本全国を訪ねるときには、ホットケーキのお店がないか探しますが、なかなか見つかりません。

それでも、札幌のお寺の敷地内にあるカフェで万惣ゆかりのホットケーキを食べたり、東日本大震災の被害の大きかった石巻の喫茶店で銅板で焼く昔ながらのホットケーキに出会ったりします。

それも私にとっては旅の楽しみです。

この本では、首都圏の名店26店舗、そして関西圏の名店5店舗、計31のお店を紹介したいと思います。

ほかにも紹介したいお店はあるのですが、店主の方がご高齢で、「いつ店を畳むかわからないので辞退したい」というお店もいくつかありました。

そんなお店ほど紹介したいのですが、ご意向なので仕方がありません。

首都圏の名店は全域に広がっていますが、この本では「下町エリア」「都心エリア」「住宅地エリア」そして「神奈川エリア」の4つに分けて紹介します。

それぞれの特徴を簡単に説明しましょう。

1 下町エリア

「下町エリア」には台東区、江東区、足立区、荒川区などが含まれます。

このエリアには、ホットケーキを供するレトロな喫茶店が、いまでも元気に営業しています。

そこで供されるホットケーキは、昔ながらのクラシックなものです。

時代の変化に抗うように、かたくなに昔の姿を守っています。店の歴史や雰囲気も、大切な味の一部です。

2 都心エリア

次は、「都心エリア」。

千代田区や港区、渋谷区、文京区といった東京の真ん中にあるお店です。

このエリアで供されるホットケーキは、モダンで洗練されたものが多いのが特徴でしょう。進化系ホットケーキといえます。

3 住宅地エリア

「住宅地エリア」は世田谷区、大田区、板橋区などの住宅地にあるお店です。

街の喫茶店として地元に根付き、地元の人たちに愛されているお店が多いエリアです。

4 神奈川エリア

首都圏最後は「神奈川エリア」です。

多摩川を越えた川崎や古都鎌倉に、ホットケーキの名店が点在します。どれも個性的で、良質なお店ばかりです。

面白いことに、横浜にはホットケーキを供するお店はほとんど見つかりません。横浜はパンケーキ文化なのかもしれません。

5 関西圏

そして、「関西圏」。

大阪、京都、神戸で歴史豊かな喫茶店が元気に営業し、庶民に愛されつづけるホットケーキを提供しています。

商売として考えれば、ホットケーキは一見理に合わない（利に合わない）メニューです。なんといっても、面倒で、手間暇がかかります。10分や20分、かかりきりになります。忙しいランチ時など、正直やってられません。

しかも、庶民の食べ物なので、値段は低く抑えざるをえません。

スイーツを提供するのであれば、つくり置きができるケーキなどを用意しておくほうが、はるかに無難で、合理的といえます。

にもかかわらず、紹介するお店はホットケーキにこだわりつづけています。そんなお店に支えられて、街場のホットケーキは生き残っています。

一般的にはありふれていると思われているホットケーキの裏側には、執念を感じるほどのこだわりや泥臭い人間ドラマが潜んでいます。

個性的なホットケーキの数々、ご賞味あれ！

1

昔ながらの
クラシックにこだわる
【下町エリア】
の名店

喫茶ニット

楊枝がトレードマーク！ 50年以上続く喫茶店の名物ホットケーキ

喫茶ニット［錦糸町］

江戸時代から交通の要衝としてにぎわっていた錦糸町エリア。その南口から数分のところにあるのが喫茶ニットです。

赤煉瓦造りの建物。重厚な木製の扉を開けると、昭和感、レトロ感が満載。お店そのものが歴史遺産です。

店主の小澤民枝さんのお父さまが、戦前、紳士用、婦人用のセーターをつくる工場を営んでおり、ニットという店名はそこから名付けられました。

戦後はメリヤス工場に転身。でも、外国製の安いメリヤスが出回るようになり、工場に見切りをつけ、喫茶店に改装しました。１９６４年（昭和39年）のことです。

オープン当時、楽天地の映画館やキャバレーが大人気で、キャバレーのお姉さんたちがこのお店でくつろいでいたそうです。たいそう華やかな社交場だったのでしょう。

40年ほど前に現在のビルに建て替え、内装もモダンなものにしました。

ホットケーキは建物を建て替えたころ、メニューに登場しました。

圧倒的な存在感のニットのホットケーキ

テレビ撮影でも使われるレトロな店内

当時の従業員が「ホットケーキが人気らしい」と耳にし、新橋の人気店でレシピを教えてもらい、始めたとのこと。

当初はたいして出なかったそうですが、テレビや雑誌で取り上げられるようになり、やがてお店の名物になりました。

ニットのホットケーキは、なんといってもその見た目のインパクトがすごい！ 厚さ3センチはあるホットケーキが2枚（670円）。

バターが楊枝で刺さっています。バターが滑り落ちないようにと始めたのですが、いまではそれがトレードマークになりました。

外はカチッと固めですが、中はしっとり。生地の甘みは控えめなので、シロップをたっぷりかけます。シロップが生地になじみ、溶けたバターと一体となり、美味しい。

生地はあらかじめつくっておき、寝かせます。そうすることによって、生地が落ち着き、しっとり感が出ます。

個体差が出ないように、銅のセルクル（型枠）を使って、銅板でじっくり丁寧に焼いています。

ニットはホットケーキ以外のメニューも充実。カレーやスパゲティなどの定番に加えて、かにぞうすいなんてのもあるのがじつに面白い。

民枝さんが「孫が後を継いでくれるんです」と嬉しそうに教えてくれました。若い世代が継承してくれるのは、頼もしい限りです。

珈琲店
クレモア

昭和の街に残る半世紀変わらない奇跡のホットケーキ

珈琲店ワンモア
［平井］

平井という駅にはじめて降り立ちました。同じ総武線でも、両国や錦糸町、亀戸あたりにはたまに行きますが、平井ははじめて。街全体がどこか昭和の匂いに包まれています。

駅から歩いて数分。小さな昔ながらの喫茶店、珈琲店ワンモアが元気に営業しています。開業は1971年（昭和46年）。もうすぐ半世紀が経ちます。まるでタイムスリップしたかのような、ゆるくて、心地いい空気が流れています。

店主の福井明さんは80歳。奥さまの絹代さんと娘さんの3人で切り盛りをしています。

福井さんは、若かりしころ、渋谷のマウンテンという喫茶店で働いていました。当時、渋谷にロロという伝説の喫茶店があり、三島由紀夫などの文化人がよく顔を出していました。

マウンテンはそのロロの系列店で、ここもたいそうにぎわっていました。

マウンテンでホットケーキのつくり方を習った福井さんは、毎日毎日、全身真っ白になりながら、粉をふるいにかけ、ホットケーキ

やさしげな表情のワンモアのホットケーキ

青いクリームソーダとフレンチトースト

を焼きつづけました。

福井さんが焼くホットケーキは、常連の作家や作曲家、大学の先生たちに大人気でした。

それから時が経ち、念願の自分の店を平井に持つことに。店名は『ワン・モア・リバー』という当時の映画からとったそうです。

ワンモアのホットケーキは、じつに素朴。小ぶりのものが2枚、厚さもほどほど（550円）。奇をてらったところのない実直なホットケーキです。

生地はほんのり甘く、バターの塩分とほどよい甘さのシロップが一体となり、じつにほのぼのとした美味しさです。味も食感も軽いので、ぺろりとたいらげられます。

このホットケーキがマツコ・デラックスさんの番組で取り上げられてから、日本全国から人が来るようになりました。多いときには1日100枚焼くことも。

ホットケーキ以外にもレモンの薄切りをのせたフレンチトーストや青いクリームソーダが人気。ブルーハワイを使った水色のクリームソーダは、昔はよく見かけましたが最近では珍しいらしく、ネットで話題になっているそうです。

でも、ごはんものや麺ものは絶対にやらないのがポリシー。売り上げを上げるにはてっとり早いですが、「純喫茶としては邪道」と福井さんは信じています。

変化が当たり前の世の中で、「変えない」「変わらない」というのは、じつに魅力的です。

小野珈琲
ONO COFFEE

地元の人たちに愛され、育てられた「下町ホットケーキ」

小野珈琲
［森下］

地下鉄森下駅のあるこのあたりは近年、深川エリアとして人気のスポット。倉庫を改装してエスプレッソを提供する店など、洗練された話題のお店も増えています。

でも、地元の人たちが通うのはここ。駅から徒歩1分の小野珈琲です。

「銅板で焼き続けて38年」という張り紙が目に飛び込んできます。ホットケーキ好きには魅惑的な言葉です。

お店は地元客でいつもにぎわっています。私の隣には、おばあちゃんの二人組。ホットケーキを頰張りながら、町内会の副会長さんの噂話で盛り上がっています。

反対側には、赤ちゃんを抱いたお母さん。こちらもホットケーキを注文。みんな、ホットケーキ大好きなんですね。

ホットケーキは1枚から注文できます。1枚なんと300円。なんて良心的な値段なんでしょう。

小野珈琲の前身は、珈琲館。店主の小野滋弘さんは、高校生時代から珈琲館でアルバイトを始め、やがて店長に。

地元の人たちに大人気の小野珈琲のホットケーキ

「焼き続けて38年」の張り紙

その後、先代のオーナーから店舗を譲り受け、独立。２００８年（平成20年）に小野珈琲をオープンしました。

　珈琲館時代からホットケーキを焼いているので、「焼き続けて38年」と年季が入っています。

　ここのホットケーキは中ぶりですが、厚さは約３センチ。マーガリンと自家製シロップ、そしてホイップクリームが添えられています。

　生地の甘さは控えめなので、シロップとホイップクリームがよく合います。普段着の親しみやすい美味しさ。これぞ「下町ホットケーキ」！

　いつも変わらぬ美味しさを提供するためには、「仕込み」にこだわります。

　生地はこねすぎると膨らまないので、ほどよい厚み、ほどよい固さにするために、牛乳の量を微妙に加減しながら、こねていきます。長年の勘と経験が欠かせません。

　週に2回も3回もモーニングを食べに来るお客さまが多いとのこと。小野さんは「地元のお客さまに育ててもらった」と言います。

　副会長の噂話をしていたおばあちゃん二人組のあとに席についた老夫婦はサンドイッチを注文。美味しそうに頬張っていましたが、ホットケーキを美味しそうに食べる周りの人たちに刺激されたのか、旦那さんがぼそっとつぶやきました。

「ホットケーキにすればよかった……」

　３００円で味わえる至福の味。「下町ホットケーキ」は最強です。

04

「人を選ばない街」の人情ホットケーキ

珈琲 天国
［浅草］

外国人観光客で大にぎわいの浅草・伝法院通りの角にある小さな喫茶店。それが、珈琲天国です。

けっして広くはない店内は、ホットケーキを求めるお客さまでいつも混んでいます。取材を受けた番組がネットフリックスで全世界に配信されたらしく、世界中からたくさんのお客さまが訪ねてきます。日によっては、半分くらいが海外からのお客さまの日もあるそうです。

お店のオープンは２００５年（平成17年）。老舗が軒を連ねる浅草では、まだまだ新参者。少しずつ根を張ってきました。

店主の上野留美さんは、手づくりホットケーキを出す喫茶店を経営するのが、長年の夢でした。

店舗の物件探しには苦労したとのこと。いくつかの街をあたりましたが、たいてい「そんな物件ないよ」と冷たくあしらわれたそうです。

でも、浅草は違いました。この街はよそ者を温かく迎えてくれる。

天国のショーウィンドウ

年齢や出身地、国籍も関係なく、何でも受け入れてくれる。「浅草は、街が人を選ばないところが好き」と上野さんは言います。

近所の人が店の前を通ると、「昨日は夜遅かったわね。だいじょうぶ?」とときさくに声をかけてくれるそうです。浅草には人情が残っています。

天国のホットケーキは、こんがりきつね色のものが2枚(550円)。「天国」の焼印が押されています。ホットケーキの焼印を最初に始めたのは、じつはこのお店です。

サクサク感はなく、ふんわり柔らかい。北海道出身の上野さんがこだわっているよつ葉乳業のバターとメープルシロップが添えられています。

生地は注文を受けてからこねています。生地が死んでしまうので、つくり置きは絶対にしません。

こねるだけで10分くらいかかるので、どうしても時間がかかります。でも、「美味しいものを食べてもらいたいから」と妥協しません。

「休みの日にお母さんが焼いてくれたホットケーキ」の記憶が上野さんの原点。飽きのこない美味しさなので、また食べに来たくなります。

小さいころ、ひとりで来ていた地元の男の子が、彼女を連れてくるようになり、やがて夫婦になり、子どもを連れてくるようになりました。

浅草は人を選ばない街。そして、ホットケーキも人を選びません。

浅草とホットケーキは、じつに相性がいいのです。

「天国」の焼印が愛らしい

FRUIT
PARLOR
GOTO

フルーツパフェと一緒に食べる上品なホットケーキ

フルーツパーラー ゴトー ［浅草］

浅草寺の境内を抜けて、花やしきを通り過ぎると、浅草ひさご通り商店街に出ます。一時はさびれて、人通りもまばらでしたが、いまではこのあたりも活気を取り戻しています。

その商店街の入り口あたりにあるのが、フルーツパフェが大人気のフルーツパーラーゴトーです。

店内はコンクリート打ちっぱなしの小洒落た空間。ジャズやシャンソンが流れています。

壁には、ゴトーのフルーツパフェを描いた印象的な絵が、いくつも飾られています。このお店のファンでもある画家の樋上公実子さんの絵で、ニューヨークで個展も開いたそうです。

もともとは1946年（昭和21年）創業の老舗果物店。1965年（昭和40年）からフルーツパーラーとして営業しています。

店主の後藤浩一さんは元デザイナー。お店を切り盛りしていたお母さまが病で倒れたのを契機に、お店の面倒をみるようになりました。

来店する人たちのお目当ては、季節の果物

が盛られたフルーツパフェ。
でも、ホットケーキ目当てのお客さまも少なくありません。ちなみに、ホットケーキは秋から春のみのメニュー。夏場はかき氷を提供しています。

大人気のフルーツパフェ

フルーツパフェ一本でもやっていけそうなのに、なぜ手間暇がかかるホットケーキをメニューに残すのかと尋ねたところ、その答えは「好きだから」。

ホットケーキは中ぶりで、ほどほどの厚さのものが2枚（680円）。きつね色が食欲をそそります。ホットケーキの王道のような見た目。

生地はほんのり甘く、じつに上品な味わいです。

こだわりの小麦粉をあらかじめふるっておき、注文が入るたびにこねて、焼いています。卵の大きさに合わせて、牛乳の量を微妙に調整するなど、丁寧につくっています。

カロリーを気にする人が多いので、バターとカナダ産メープルシロップは別注文。ほかにも、アイスクリームや生クリーム、小倉あんといったトッピングも用意されています。

ここでのおすすめは、なんといってもホットケーキとフルーツパフェのコラボ。こだわりのフルーツをお値打ち価格でいただけるので、パフェを頼まない手はありません。

ホットケーキとフルーツの組み合わせは最強。

ここに来たら、カロリーなど気にしてはいけないのです。

端正なたたずまいのゴトーのホットケーキ

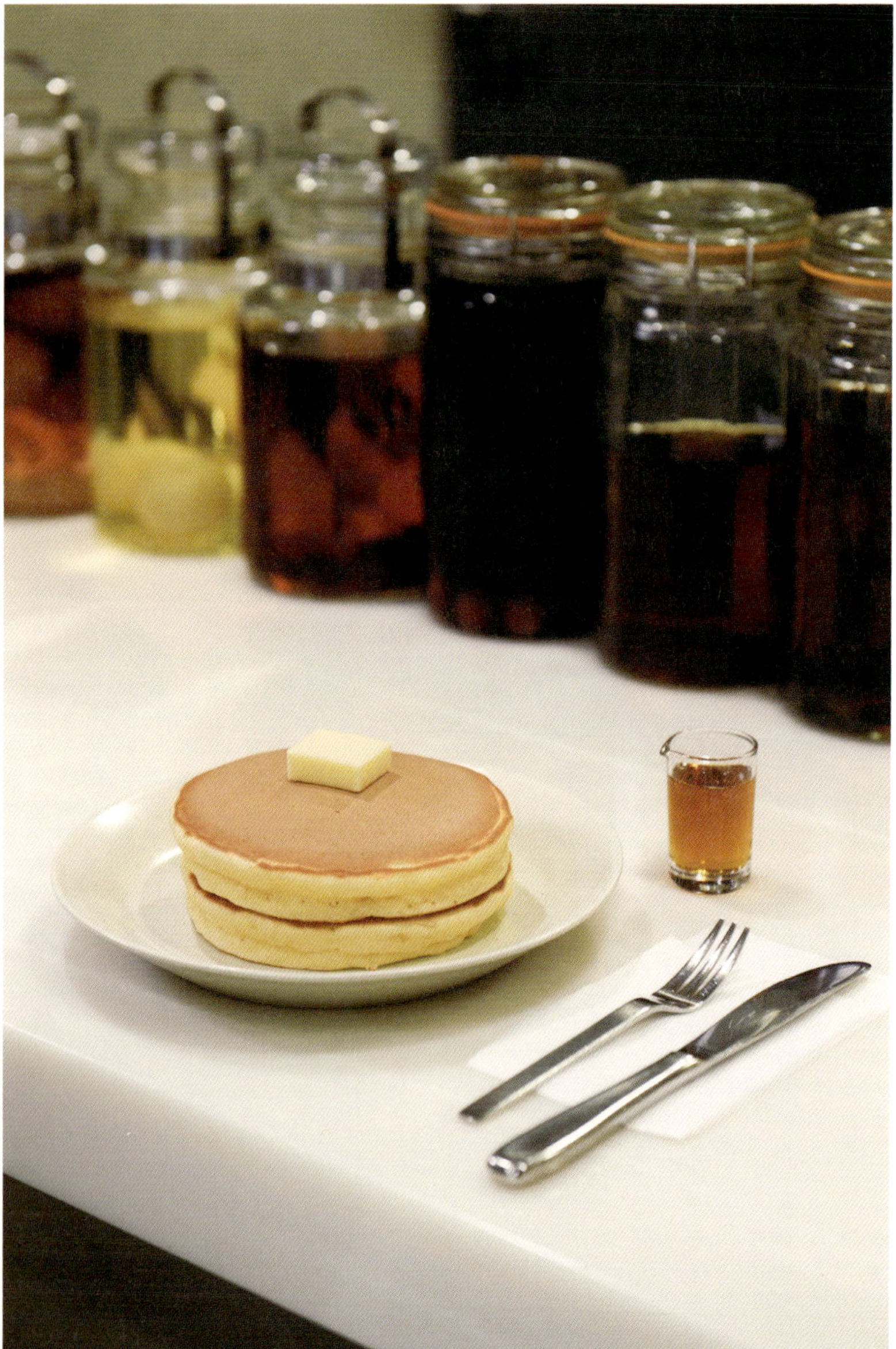

スカイツリーもびっくり！奥浅草の5段重ねホットケーキ

喫茶ミモザ［奥浅草］

浅草寺の北側に位置する奥浅草。浅草人気とあいまって、最近じわじわと注目を集めているエリアです。

ひさご通りの先に続く千束通り商店街から細い路地に入ると、鮮やかな黄色のファサードが目に飛び込んできます。そこが喫茶ミモザです。

お店に入った最初の印象は、とにかく明るい！

路地にあるお店とは思えないほど、光に充ちています。

店内は清潔感に溢れ、お洒落な空間。南欧風の内装で、なんとも居心地がいい。ジャズが流れています。

ここのホットケーキはなんと5段重ね。

正式名称は「ビッグホットケーキ」（720円）。これまでいろいろなホットケーキを食べてきましたが、5段重ねというのはここだけ。

5段だから、当然ホットケーキは5枚焼きます。

生地の量を微妙に加減しながら、5枚分を

明るくモダンな店内

銅板に落としていきます。その仕事ぶりを見ているだけで、ワクワクしてきます。

以前は、普通の2段重ねのホットケーキにおまけのミニホットケーキをのせて提供していました。枚数を増やして重ねると、子どもたちが喜ぶので、徐々に増やし、スカイツリー開業にちなんで5段にしたら、SNSで話題になりました。いまでは日本全国からこれ目当てにお客さまが来るようになりました。

店主の川杉百々代さんがミモザをオープンしたのは、1999年（平成11年）。

もともとは編集の仕事をしていましたが、「いつかは人と人がつながるお店をつくりたい」と考えていました。

秋葉原で珈琲館のフランチャイズ店を経営したあと、生まれ育った奥浅草にこのお店を開きました。

川杉さんは昔ながらのシンプルなホットケーキにこだわります。幼いころ、万惣フルーツパーラーで食べたホットケーキが忘れられず、「パンケーキではなく、絶対にホットケーキ！」とその思いは半端ではありません。

高さは軽く10センチ超え。高級なカルピスバター、ホイップクリーム、メープルシロップが添えられています。

ナイフを入れると、外側はサクサク。中はふんわり、しっとり。焼き加減が絶妙です。

最初は「ひとりで食べきれるかな？」とちょっと心配になりますが、食感が軽いので、パクパク食べられます。

スカイツリーもびっくり！のミモザのホットケーキ

07

オンリー
Only

昭和へとタイムスリップする純喫茶のホットケーキ

オンリー
［南千住］

JR常磐線、南千住駅。駅前にはタワーマンションがそびえ、近くの汐入公園あたりには再開発された高層マンションがいくつも建っています。

でも、ちょっと歩くと、ここかしこに昭和の匂いが残っています。扉に「理髪店」の文字を掲げる床屋さんがまだ営業しています。

駅から5分ほど歩くと、年季の入ったえんじ色のテントのある小さな喫茶店があります。そこがオンリーです。

店の入り口の赤い看板には、「魔性の味coffee オンリー」とあります。

お店に入ると、タイムスリップしたような感覚。

時が止まっているのではと錯覚するほどです。

古色蒼然とした店内。椅子もテーブルも相当使い込まれているのがわかります。ダイヤル式のピンク電話や手動のキャッシャーなど、レトロ感満載。

天井近くについている扇風機が首を振りながら、静かに回っています。

印象的な赤い看板

オンリーの開業は、1970年（昭和45年）。もうすぐ半世紀です。

開店当時、近くには東京スタジアムという野球場があり、ロッテオリオンズの本拠地でした。

華やかな野球場ではありませんでしたが、川崎球場などと同じ匂いのする下町の野球場でした。その跡地は、いまでは荒川区の総合スポーツセンターになっています。

オンリーのホットケーキは、ホットプレートで焼いています。注文が入ると、生地をこね、セルクル（型枠）を使って、丁寧に焼きます。

ホットプレートの蓋をたまに開け、焼け具合を何度も確認します。マスターの中尾博明さんがつきっきりで、焼いてくれます。

しばらく時間が経つと、甘い香りが漂いはじめます。期待感が高まります。

中ぶりで、厚さ2センチほどのホットケーキが2枚（520円）。ホットプレートの模様なのか、表面には細かい網目がついています。

外はさっくりですが、中はもっちり。しっかりと食べ応えがあります。

軽めのシロップをたっぷりかけて食べます。懐かしくも、素朴な味が、じつに美味しい。

ちなみに、オンリーという店名は、コーヒー〝オンリー〟（コーヒーだけ）という意味。珈琲の香りが楽しめなくなるので、ナポリタンや焼きそばなどの食事メニューはありません。

「喫茶店はあくまでも珈琲を楽しむ場所」というマスターの一途さも、変わることがありません。

昭和へとタイムスリップするオンリーのホットケーキ

プチモンド

朝から飲める街で果物にこだわるお店の誠実なホットケーキ

フルーツパーラー
プチモンド
［赤羽］

赤羽人気が続いています。昔は「おやじの街」というイメージでしたが、最近は女性や若者たちでにぎわっています。朝から飲める店、安くて美味しいお店も多く、街に活気があります。

にぎやかな駅前から少し離れたところに、昔ながらのフルーツパーラーがあります。それがプチモンドです。

フルーツパーラーはどこも女性に人気ですが、ここはちょっと年齢層が高め。地元のおばあちゃんやおばちゃんたちのオアシスです。

オープンしたのは1982年（昭和57年）。もともとは戦前からやっている果物屋さん。いまでも、近くの中学校に給食用の果物を卸しています。

新幹線開通に伴う道路の拡張工事のため、店舗を移動。

かねてから「果物を出す喫茶店をやりたい」と思っていた店主の関元修さんは、そのときにこのお店をオープンさせました。

関元さんは毎朝4時に起きて、果物を仕入れています。いまでも店頭で新鮮な果物を販

人気の
フルーツサンド

売しています。デパートで買えば1万円はする上等なメロンが、なんと6000円で買えます。知る人ぞ知る、お得なお店です。

フルーツパーラーなのに、メニューには焼きそばやナポリタンもあります。フルーツパフェを食べている女子高生の隣で、焼きそばを美味しそうに食べているおばちゃんがいるのが、なんともシュール。

プチモンドの人気に火がついたのは、『孤独のグルメ』でここのフルーツサンドが紹介されてから。

いまでもフルーツサンド目当てのお客さまが、遠方からも訪ねてきます。

でも、ホットケーキも根強い人気。「ホットケーキと果物を出したら、喜んでもらえるかな」と思い、ホットケーキをメニューに加えたそうです。

中ぶりですが、厚さ2・5センチはあるものが2枚（600円）。

ほんのりきつね色で、やさしげな表情のホットケーキです。バター丸め機で丸められたバターがなんともかわいらしい。

外はさっくり、中はふっくら。生地は甘さ控えめなので、シロップをたっぷりかけます。じつに素朴で、誠実な味わい。

関元さんは焼き方にこだわります。そして、そのコツをこう言います。

「ホットケーキがひっくり返してくれって言っているのがわかるんですよ。そのタイミングでひっくり返せば、上手に焼けます」

なるほど。ホットケーキと「対話」しているんだ。

プチモンドのホットケーキ、フルーツと一緒にご賞味あれ！

プチモンドのホットケーキは新鮮なフルーツとご一緒に！

Column 1

ホットケーキを愛した作家や歌手たち

いまでこそホットケーキは庶民の味として親しまれていますが、その昔はハイカラでモダンな憧れの食べ物でした。その様子は、文人たちの作品を読めば、とてもよくわかります。

ホットケーキといえば、池波正太郎。

いろいろな作品に、万惣フルーツパーラーのホットケーキが登場します。

小学校を卒業して兜町の株式仲買店で働くようになった池波正太郎は、1週間に一度、必ず万惣でホットケーキを食べたそうです。

『ル・パスタン』の中で池波正太郎はこう綴っています。

「卵とバターの香りがする焼きたてのホットケーキ。香りのよいシロップをたっぷりとかけまわして食べる旨さは、たとえようもなく、ハ、ハ、ハイカラな味がした」

関西でもホットケーキは憧れの食べ物でした。

大阪生まれの人気作家・織田作之助は、戦時中の1941年（昭和16年）に『青春の逆説』という本を出版し、話題になりました。

その中には、京都の喫茶店で供されるホットケーキが登場します。

「ふわっと温いホットケーキの一切が口にはいる時のあの感触が唾気を催すほど、想い出されるのだ。蜜のついている奴や、バタのついている奴や、いろいろ口に入れたあとで、にがい珈琲をのんだら、どない良えやろかと思うと、もう我慢出来なかった」

狂おしいほどのホットケーキへの思い入れです。

京都といえば、あの美空ひばりも、京都のあるお店のホットケーキが大好物でした。

終戦間もなく、8歳で初舞台を踏み、天才少女としてスターダムにのし上がっていった美空ひばりは、映画撮影のために京都をよく訪れていました。

当時、映画俳優たちのたまり場だったのが、スマート珈琲店。

鶴田浩二や笠智衆、田端義夫といったそうそうたる人気者たちが常連でした。

幼いひばりは、このお店の目立たない奥の席で、母親と一緒にホットケーキを美味しそうに頬張っていたそうです。

現代作家で、ホットケーキを愛してやまない代表例は、村上春樹です。

ホットケーキに対する造詣も深く、彼なりのこだわりがあります。

「ホットケーキの味」と題したエッセイで、彼はこう書いています。

「場所によっては『たかがホットケーキ』ということで、かなり手を抜いたものが出てくることがある。もともとが簡単な料理だから、手を抜かれるとすぐにわかる。ホットケーキ、パンケーキを美味く作るコツは材料を吟味することと、大きな鉄板を使用することである。家庭で作るホットケーキ、パンケーキが総じて美味くないのは、前者はともかく、後者の条件が充たされないからである」

ホットケーキは、じつに奥が深い。まさに日本独特の食文化といえます。

2

洗練された
進化系モダンに挑戦する
【都心エリア】
の名店

自家焙煎珈琲 みじんこ

都心のパワースポットで味わう唯一無二の新感覚ホットケーキ

自家焙煎珈琲 みじんこ［湯島］

最寄駅は、地下鉄湯島駅かJR御茶ノ水駅。どちらからも徒歩10分ほどかかります。人通りもそれほど多いとは言えない場所に、自家焙煎珈琲みじんこはあります。

このエリアは神田明神、湯島天満宮、妻恋神社などに囲まれた都心のパワースポット。その御利益か、大層繁盛している人気店です。

オープンは、東日本大震災直後の2011年（平成23年）5月。オーナーが「地元の人たちにつくろげる場所を提供したい」という思いでお店を始めました。

自家焙煎珈琲にこだわっていて、オリジナルブレンドだけでも、マイルド、ビター、フレッシュの3種類が用意されています。

ランチ目当てのサラリーマンやOLが多いので、食事メニューも充実。

サンドイッチもありきたりのものではなく、キーマカレーサンドなど手をかけたものが用意されています。

そして、ここの名物はホットケーキ。

まずは見た目にびっくり。なんと芸術的なフォルムなんでしょう！　焼き色もじつに美

見た目も食感も味も新感覚のみじんこのホットケーキ

モダンで
お洒落な店内

しい。小ぶりですが、厚さ3センチのものが2枚（650円）。

ケーキの丸型とオーブンシートを使い、完全な円形と縁の角にこだわっています。うっとりするほどの美しさです。

ナイフを入れても、サクッという感覚はありません。ふわふわで、かろやか。蒸しパンかカステラのような感覚です。

半分に切ると、バターが滲み出し、ふわっと甘い香りの湯気が立ちます。生地はほんのり甘く、上品な味わいです。

お代わりできる自家製シロップをたっぷりかけます。

それほど甘みは強くないので、多めにかけて生地に染み込ませると、じつに美味しい。洗練された新感覚のホットケーキです。

店長の鈴木一宏さんは、客のひとりとしてこのお店に通っていました。

珈琲好きなので、いつか珈琲に関わる仕事がしたいなと思っていたところ、ブログでスタッフの募集を知り、採用されました。

みじんこという店名の由来を、鈴木さんが教えてくれました。

「みじんこは一見単純な生き物に見えて、じつはそのDNAの量は人間を上回り、生物最多らしい。一見シンプルだけど、丁寧なつくりで、じつは奥深いお店にしたいというのがお店の思いなんです」

でも、それはあくまでも表向き。

本当は店名を考えているとき、オーナーのお母さまが「みじんこってかわいくない？」とささやいたのがきっかけとのこと。

すべてにこだわっているけど、さりげないのがなんとも心地よいお店です。

10

地元民が大好き！居心地のよい空間で食す幸せホットケーキ

自家焙煎 珈琲庵［春日］

地下鉄三田線と大江戸線が乗り入れる春日駅。後楽園駅ともつながっていて、東京ドームも近くにあります。

自家焙煎 珈琲庵は、駅からほど近いところにあるこだわり珈琲のお店です。珈琲豆は自家焙煎しています。

入り口にはのれんがかけてあり、全体が和風テイスト。扉の脇には、「ホットケーキセット850円」と書かれた手書きの立て看板が置いてあります。

珈琲庵がオープンしたのは2005年（平成17年）。それまでは珈琲館のフランチャイズ店でした。

先代のオーナーが画一的な内装や運営に飽きて、「自分らしいお店をやろう」と新しいお店をオープンすることになったそうです。

お店の内装などは変わりましたが、「地元の人たちに居心地のよい空間でありたい」という思いは変わっていません。ホットケーキも珈琲館の時代から人気メニューだったので、いまでも続けています。

ホットケーキを注文すると、カシャカシャ

手書きのホットケーキの立て看板

と生地を混ぜる音が聞こえます。

そして、銅板で丁寧に焼きます。焼き上がると、銅板の上でコロコロ回しながら形を整えます。

以前は生地をつくり置きしていましたが、それだと膨らみがよくないので、注文が入ったら混ぜるようにしたそうです。

大事なのは、1回1回銅板が冷めてから焼くこと。

熱い状態のままだと油がぽつぽつと浮いてしまい、均一にきれいに焼けません。ホットケーキは見た目が大事なのです。

中ぶりのものが2枚（単品480円）。こんがりきつね色が美しい。北海道バターにホイップクリーム、メープルシロップが添えられています。

メープルシロップは万惣風の濃厚タイプ。全体のバランスがとてもよく、じつに美味しい。

店長は五味清徳さん。大学生のころからこのお店でアルバイトを始め、20年以上お店に立ちつづけています。常連さんのなかには、毎日手づくりの料理を持ってきてくれる70代のおばあちゃんもいるそうです。

ためしにお正月もオープンしてみようと開けたところ、たいそうにぎわいました。「初詣の帰りに寄ってくれたり、正月休みに飽きた近所の人たちが珈琲を飲みにきてくれました」と五味さんは嬉しそうに教えてくれました。

おせちに飽きたあとの至福のホットケーキ。さぞかし美味しいことでしょう。

こんがりきつね色が食欲をそそる珈琲庵のホットケーキ

ホットケーキパーラー Fru-Full《フルフル》

旬のフルーツと組み合わせる最強の王道ホットケーキ

ホットケーキパーラーFru-Full【赤坂】

　赤坂の裏通りにある超人気店。日本全国から美味しいフルーツとホットケーキを求めて人がやってきます。

　周囲はマンションなどが建ち並ぶ住宅街。見つけにくい場所にありますが、たいてい行列ができているので、それが目印。

　このお店がオープンしたのは、2013年(平成25年)4月。あの万惣フルーツパーラーが2012年(平成24年)に閉店してから約1年後に開店しました。

　店主の川島克之さんは、以前、万惣で働いていました。

　開店のきっかけを、こう教えてくれました。

「あるお客さまに、万惣のホットケーキはほかとは違うのでぜひやってほしいと言われました。自分もなくなってしまうのはもったいないなと思っていたので、やろうと決めました」

　もともとパティシエをしていた川島さんは、フルーツに興味があったので、ホットケーキとフルーツを組み合わせたお店にしました。

　当然、フルーツパフェやフルーツポンチな

すべてにこだわったFru-Fullのホットケーキ

新鮮なフルーツも大人気

ど、フルーツを贅沢に使ったメニューが充実しています。

フルーツは細かく切ると、フルーツそのものの味や香りがわからなくなってしまうので、大きめにカットして出しています。フルーツ好きにはたまりません。

もちろん、万惣の味を引き継いだ、伝統のホットケーキも大人気です。1日50食は出るという人気メニュー。フルーツに負けていません。

バターと自家製シロップが、先に運ばれてきます。

バターは市販の有塩バターを一度常温に戻し、型に入れています。ホットケーキの上ですぐに溶け、アツアツを食べてもらいたいという配慮です。

シロップはざらめと水あめでつくったキャラメルソースを、メープルシロップに混ぜています。

バターもシロップも、万惣から引き継いだもの。名店のきめ細かい知恵と工夫が継承されています。

こんがり焼けたホットケーキが2枚（650円）。表面はさっくり、中はしっとり。

生地は朝仕込み、寝かせます。混ぜたばかりで焼いてしまうと、粉っぽさが残ってしまうそうです。

バターを塗り、上からシロップをたっぷりかけます。ほどよい甘じょっぱさと香りがたまりません。まさに王道のホットケーキです。

石釜 bake bread 茶房
TAM TAM
Since 1973

行列必至！ここでしか食べることができない「特別」なホットケーキ

石釜bake bread茶房
TAM TAM
［神保町］

神保町は私のホームタウンのような街。高校生のころから、よくぶらついていています。有名な喫茶店さぼうるの近くに、「いつも行列のお店があるな」と思っていました。

そこが、石釜bake bread茶房TAM TAMです。

TAM TAMとしてオープンしたのは、2014年（平成26年）。

それ以前は、珈琲館のチェーン店を営んでいましたが、店舗の建て替えを機に、まったく違うお店に生まれ変わりました。

店内は洗練されたお洒落な空間。ジャズが流れていて、大人の雰囲気です。

TAM TAMの最大の売りは「石釜」。輻射熱でじっくり焼くので、外側から芯まで美味しく焼けるのが特徴です。

店主の田村信之さんは、「お店を続けるなら、まったく新しいコンセプトのお店にしよう」と考え、石釜の導入を決めました。

石釜で焼くユニークなメニューが数多くあります。石釜焼きトースト、石釜焼きフレンチトースト、石釜焼きカレー……。

行列してでも食べる価値があるTAM TAMのホットケーキ

ジャズが流れる店内
モダンな店内

そして、なんとホットケーキも石釜で焼いています(680円)。石釜で焼くホットケーキというのは、私が知る限り、このお店だけです。

まずは、見た目が「普通のホットケーキ」とはまったく違います。

外側がこんがり焼けていて、一見すると焼きたてのパンみたい。バターがちょこんと乗り、生クリームがたっぷり添えられています。

ナイフを入れると、ふわふわ。まるでカステラのようです。香ばしく焼けた周りの生地と中のふわふわ感のバランスが、じつに楽しい。

ほのかな甘みの中に、塩気も感じます。バニラアイスとリコッタチーズを入れて、焼いているそうです。

シロップ、生クリームと三位一体で食べると、ほかでは味わったことのない美味しさ。行列してでも食べたい理由がわかります。

田村さんにとってホットケーキの原点は、万惣フルーツパーラー。

万惣のホットケーキは、家庭の味とは違う、外でしか食べることができない「特別なもの」でした。

TAM TAMのホットケーキも、家では食べることができない「特別なもの」にしたいと思い、創意工夫を続けています。

お店の名前は、息子さんの子どものころの愛称。

田村なので「たむたむ」と呼ばれていたそうです。

「特別」なホットケーキを出すお店にマッチするとてもよい名前です。

13

めちゃめちゃ美味しいプロの味！隠れ家の本物ホットケーキ

カフェ香咲［外苑前］

ラグビー好きの私にとって、秩父宮ラグビー場のある外苑前はなじみの場所。でも、裏通りはあまり歩いたことがありません。

青山キラー通りから少し入ったところに、カフェ香咲はあります。

開業は1984年（昭和59年）。30年以上にわたって愛されつづけている名店です。

香咲という名前には、「珈琲の香りが咲くように」「スペイン語で家を表すＣａｓａ」、そして「傘のように外のトラブルから逃げ込み、安心できる場所」というさまざまな意味が込められています。

まさにほっと落ち着ける隠れ家のようなお店です。

現在の店主である岩根愛さんのお母様である志津子さんが開業しました。

近所にはエンタメ系の会社が多く、いわゆる「ギョーカイ人」の憩いの場だったそうです。

志津子さんはスイーツに力を入れ、とりわけシュークリームは1個450円と高価でしたが、オープンと同時に売り切れるほどの人

緑に囲まれた
都会の隠れ家

気だったそうです。

しかし、お客さまのほとんどがヘビースモーカー。志津子さんは間質性肺炎に罹《かか》ってしまいました。やむなく禁煙にしたところ、お客さまは激減。

後を継いだ愛さんは、大きく舵を切ることを決めました。イタリアの料理学校で学んだことのある愛さんはフードメニューに力を入れることにしました。

カレーライスを皮切りに、グラタンやラザニアなどをメニューに加えていきました。手のかかるメニューも多いのですが、徐々に「美味しい」と評判になりました。

いまでは近隣だけでなく、遠方からも香咲のフードを求めてやってきます。

ホットケーキは、志津子さんが店主のころ、アルバイトのまかないとして出していました。

それを見た常連さんの「あれ美味しそうだね」のひと言で、メニューに加わることに。

香咲のホットケーキは大ぶりのものが1枚（750円）。こんがりきつね色が美しい。

生地にカルピスバターを加えるなど、材料にこだわっています。

添えてあるのは、バターと濃いめのホイップクリーム、メープルシロップ。外側はサクサク、中はふんわり。文句なくめちゃめちゃ美味しい。

セルクル（型枠）を使って焼くので、はみ出た切れ端の「耳」がおまけとしてついています。この「耳」の食感も、じつに楽しい。

「プロがつくるとこういうホットケーキができるんだ」と感動必至の味です。

隠れ家で味わう洗練されたホットケーキ。おためしあれ！

渋谷 西村 FRUITS & PARLOR

変わりゆく街で70年変わらない老舗のやさしいホットケーキ

渋谷西村フルーツパーラー道玄坂店［渋谷］

渋谷駅前にある渋谷西村フルーツパーラーは、私にとって特別な場所です。

幼いころ、父、母、弟と一緒によく来ました。

東急百貨店の屋上遊園地で遊び、西村で甘いものを食べるというのがお決まりのコースでした。

西村といえば渋谷というイメージですが、じつは発祥の地は渋谷ではありません。小石川で西村果実店としてスタートしました。

1910年（明治43年）創業の老舗です。

渋谷で東急百貨店東横店の前身である東横百貨店が開業した直後、1935年（昭和10年）に、渋谷という新興地の可能性に賭けて、進出してきました。

周囲からは反対の声もあったそうですが、創業者はハチ公改札口で一日中座り、ひとりで通行人の数を数えたそうです。

そして、「渋谷は必ず発展する」と見越して、出店を決断。その開拓者精神に拍手です。

専務取締役の西村元孝さんによると、開業当初のメニューは戦火で焼失してしまい、残

変わらぬ老舗の味！　西村のホットケーキ

1階のショーウィンドウ

っていません。だから、ホットケーキがいつごろからメニューに載ったのかは定かではありません。

フルーツパーラーなので、あくまでも主役はフルーツ。

ホットケーキはフルーツの邪魔をしない素朴な味わいで、昭和20年から30年ごろメニューに載ったと伝えられています。

メニューには「外は香ばしく、中はしっとりと専用の銅板プレートで焼き上げた当店自慢のホットケーキです」とあります。老舗の矜持を感じます。

西村のホットケーキは小ぶりですが、けっこう厚みがあります（900円）。サクッとナイフを入れると、中はふんわり。70年変わらない、老舗の安定した、じつにやさしい美味しさ。

西村さんが、代々伝わる「西村の掟」を教えてくれました。

「うちには『昔ながらの味に甘んじるな』という掟があります。渋谷という街は、何も変えずに生き残れるほど甘い街ではありません。変わりつづける街だからこそ、守るためには攻めなきゃいけないと思っています」

ホットケーキの味は守りつつも、脇を固めるバターとシロップは進化しています。バターは以前は角切りでしたが、溶けやすいようにギザギザを入れた球形に変えました。

メープルシロップもメープル風味は残しつつ、甘さを抑えています。

変貌を続ける街で、ホットケーキは静かに進化し、愛されつづけています。

Column 2

パンケーキの思い出

私はホットケーキが大好きですが、けっしてパンケーキを嫌っているわけではありません。むしろパンケーキも私の大好物です。

幼いころ、万惣フルーツパーラーのホットケーキを食べたのが、強烈な思い出として残っていますが、パンケーキについても同じくらい忘れられない思い出があります。

それは、私が20代後半のころ、アメリカに留学していたときのことです。

両親が遊びに来るというので、当時ニューヨークで最高級ホテルのひとつだったプラザホテルに宿泊しました。

両親がアメリカに来るなんてこれが最後かもしれないと思い、清水の舞台から飛び降りるくらいの覚悟で奮発したのです。

セントラルパークに面した優雅なレストランで朝食をとったとき、身なりのよい初老のジェントルマンが、ひとりで静かに朝食をとっている姿が目に入りました。

それが、じつに格好よかった！

彼が食べていたのは、山ほどのベリーをのせたパンケーキでした。

焼きたてのパンケーキの上には、いちご、ブルーベリー、ラズベリー、ブラックベリーがたわわに盛られています。そこに、真っ白なホイップクリーム。

当時の私は、いちご以外のベリーなんて食べたことがありませんでした。

――アメリカってなんて豊かなんだろう……。

アメリカの豊かさが、胸に突き刺さった瞬間でした。

ヨーロッパでも、パンケーキは日常的な食べ物です。アイスクリームなどを添えてデザートとして食べることもありますが、どちらかといえば食事として食べるのが一般的です。

ドイツのミュンヘンに出張したとき、休日にランチを食べようと、ひとりでパンケーキのお店に入りました。人気のお店のようで、観光客でにぎわっています。

スモークサーモンやスモークチキン、ベーコンやチーズなどの具材を選び、トッピングします。私はベーコンとほうれん草のシンプルなものを選びました。

20分ほどすると、とんでもない大きさのパンケーキが運ばれてきました。パンケーキの上には、サワークリームがたっぷりとかかっています。

ベーコンの塩味とサワークリームの酸味が調和して、ひと口目、ふた口目はとても美味しく食べました。

でも、そこからが進みません。味がおおざっぱで、単調なのです。

結局、半分以上残して、私はそのお店をあとにしました。

「ひとりで海外のパンケーキのお店に入ってはいけない」

私が得た教訓でした。

3

地元に根付きながら個性を追求する【住宅地エリア】の名店

HOTCAKE
つるばみ舎
TSURUBAMI SHA

万惣の味を引き継ぎながら、新たな「思い出」をつくるホットケーキ

HOTCAKE つるばみ舎［経堂］

小田急線経堂駅から徒歩数分。駅からは近いですが、ちょっとわかりにくい場所にあります。そこが隠れ家っぽくてまたいい。

お店の入り口には「ホットケーキのお店」の看板。いつもたいそうににぎわっています。コンクリート打ちっぱなしのお洒落な空間。オープンキッチンになっているので、とても開放感があります。

店主の冬木透さんと奥さまの麻依子さんが、２０１５年（平成27年）10月にオープンさせました。それまでは、梅ヶ丘でリトルツリーというお店をやっていました。

つるばみというのは、どんぐりの古名「鶴喰」のこと。ふたりともどんぐりが好きなので、店名にしたそうです。

冬木さんはもともとはＩＴ系のサラリーマン。いつか喫茶店をやりたいという夢があったので、２００９年（平成21年）に万惣フルーツパーラーで修業を始めました。

最初はホットケーキに特別な思い入れがあったわけではありませんでした。

でも、「万惣は家族の思い出の場所」とい

すべてにセンスのよさを感じるつるばみ舎のホットケーキ

1枚1枚に焼印を押す

う人たちが数多くいるのを知り、ホットケーキをメインにしたお店を開こうと決めました。だから、万惣のレシピには、徹底的にこだわります。

とりわけ、卵と牛乳は食感、口あたり、舌触り、香りに大きく影響します。なので、卵は茨城県奥久慈産のもの、牛乳は岩手県葛巻産の低温殺菌のものしか使いません。

つるばみ舎では、ホットケーキが1枚から注文できます。1枚だと340円。2枚目以降は280円。つまり、2枚だと620円になります。

こんがりきつね色で、見るからに美味しそう。「舎」の字を模した焼印が押されています。じつにフォトジェニック。店名が入ったお皿やバターの小皿もシャレています。

万惣風の濃厚メープルシロップは卓上の器に入っているので、かけ放題。甘さが強いので、少しずつ足していきます。

文句なく美味しい。ホットケーキとバター、シロップが混然一体となり、これぞ万惣の味。トッピングも豊富で、定番のアイスクリームからフルーツ生クリームまで常時9種類ほど揃えられています。さすが専門店です。

カウンターの上には、小学生がつくった「どんぐりホットケーキの屋台」という作品や『ケーキやけました』という絵本が飾られています。

経堂で、ホットケーキの新たな「思い出」がつくられています。

ルポーゼ
すぎ

行列に並んでも食べたい！口の中で溶ける艶やかなホットケーキ

ルポーゼすぎ
［八幡山］

京王線八幡山駅。改札口を出た左手すぐのところにルポーゼすぎはあります。駅直結の喫茶店です。

ちなみに、ルポーゼとはフランス語で「休息、休憩」のこと。

一見、普通の喫茶店のように見えますが、ここはホットケーキで有名なお店。ホットケーキファンなら知らない人はいません。

普段でもホットケーキは人気ですが、毎月5のつく日（5日、15日、25日）は大行列ができます。

「ホットケーキサービスデー」と称して、飲み物と一緒に注文すると、600円のホットケーキが150円で食べられるのです。

当然、いつも大行列。これまでの最高記録はなんと1日300食（600枚）！　ホットケーキ、畏るべしです。

店主の小林常夫さんは、集団就職で東京に出てきました。

阿佐ヶ谷のとらや椿山で丁稚奉公し、その後、中野のとらやの喫茶店でドアボーイになりました。先輩たちに厳しく躾けられ、商売

艶やかな焼き色のルポーゼすぎのホットケーキ

駅近でいつもにぎわっている

の基本を学んだと言います。

水戸の喫茶店のマスターを10年やったあと、1973年（昭和48年）に念願の自分の店を下高井戸に開きました。「うちでしか食べられないものをつくろう」と考え、理想のホットケーキを追求するようになりました。

八幡山に店を開いたのは、2006年（平成18年）。一時は5店舗まで拡大しましたが、娘さんから「働きっぱなしのお母さんがかわいそう」と言われ、いまでは八幡山のお店だけに専念しています。

このお店のホットケーキは、中ぶりで厚さ2センチほどのが2枚。きつね色の見た目が艶やかで、なんとも魅惑的。

この艶やかさを出すために、丁稚時代に身につけたどら焼きづくりの経験が生きています。確かに、美しい表面はどことなくどら焼きっぽい。

生地を柔らかめに仕上げるために、牛乳を減らし、生クリームを加えています。その生地をセルクル（型枠）に流し込み、丁寧に焼き上げます。

添えられているマーガリンとさらさらのシロップをかけて食べると、口の中で溶けるような感覚。まるでカステラのようです。

表面もサクサクではなく、全体がやさしく、ふんわりしています。これが150円なら、並んででも食べたいというのは納得。

小さな子からお年寄りまでみんなに愛されている幸せを運ぶホットケーキです。

喫茶 黒田珈琲

チェーン店が撤退する街のキラッと光るこだわりホットケーキ

喫茶 黒田珈琲
［祖師ヶ谷大蔵］

小田急線祖師ヶ谷大蔵駅から徒歩1分。地元に根付いている珈琲屋さん。珈琲豆は店内で自家焙煎しています。

祖師ヶ谷大蔵はその昔、円谷プロダクションの旧本社があったことから、「ウルトラマン発祥の地」として有名。駅周辺の商店街は「ウルトラマン商店街」と命名されています。

しかし、この地は大手チェーン店にとっては鬼門。有名チェーン店が出てきては次々に撤退する街として、業界では知られているそうです。

そんな街で、黒田珈琲は1988年（昭和63年）のオープン以来、地元民に愛されています。

店主の黒田康裕さんは以前フランチャイズオーナーとして珈琲館を経営していました。その後、独立し、珈琲の自家焙煎も始めました。

このお店のホットケーキは、中ぶりで厚さ2センチほどのものが2枚（550円）。こんがり焼けた1枚目の中央部分が、型でくり抜かれていて、そこからバターが滲み出しています。なんとも心憎い演出です。

遊び心満載の黒田珈琲のホットケーキ

さくらンベリージュース

型は、桜、星、ハート、蝶の4種類。季節や天候によって使い分けます。

黒田さんのこだわりは、それだけではありません。

ホットケーキは食感が命。ベーキングパウダーによってふっくら感がまったく違ってくるので、特別なものを使っています。黒田さんはこう言います。

「以前、特別なベーキングパウダーが切れてしまったので、スーパーで売っているもので代用したら、食感がまったく違ってしまった。それ以来、ベーキングパウダーにはこだわりつづけています」

くり抜いた穴から滲み出すバターも、普通では手に入らない有塩バター。さりげないこだわりが、このホットケーキを特別なものにしています。


添えられているのは、生クリームとバニラアイス。

くどくない生クリームはシロップと調和し、絶妙のハーモニー。冷たいバニラアイスも、アツアツのホットケーキによく合います。

黒田珈琲では、読書会なるものも開いています。課題本を読んできて、みんなで感想を述べ合う。珈琲の香りだけでなく、文化の香りがします。

課題本をイメージしたオリジナルドリンクもつくります。

坂口安吾の『桜の森の満開の下』のときには、「さくらンベリージュース」というものをつくったそうです。

こだわりと遊び心をもった珈琲店。

こんな心意気のあるお店にチェーン店がかなうはずがありません。

PINOCCHIO

世界を魅了する造形美！板橋の魅惑のホットケーキ

ピノキオ
[大山]

板橋の大山に「ホットケーキの聖地」があります。ハッピーロード商店街を抜けた住宅街にある何の変哲もない喫茶店に、世界中から人が訪ねてきます。

その国籍は、米国、中国といったメジャーな国だけでなく、エストニア、北アイルランド、ポルトガル、タヒチと、じつにさまざま。

彼らのお目当ては、言うまでもなくホットケーキ。

異口同音に「こんなホットケーキ、見たことがない！」と驚きます。

ピノキオのホットケーキは、とにかく美しい。そのフォルム、厚さ、焼き色。この造形美は、ほかのお店ではお目にかかれない逸品です（550円）。

マスターの塩谷三夫さんが奥さまの理恵子さんとこのお店を開いたのは、1974年（昭和49年）のこと。覚えやすい名前にしたかったので、ピノキオと命名しました。

マスターは大学生時代、渋谷で3本の指に入る喫茶店ロロでアルバイトをしていました。「喫茶店の仕事は面白い」と思ったマスターは、

仕上げに側面を転がして
形を整える

そのままロロに就職することに。

やがて、縁あって大山の地で独立。当時、周辺には小さな印刷会社がたくさんあり、ピノキオは応接室代わりに使われ、たいそう繁盛しました。

しかし、バブルが崩壊。印刷会社もなくなっていき、近隣の喫茶店も消えていきました。

そんなとき、学校帰りに立ち寄った近所の小学3年生の女の子が、「マスター、ホットケーキつくれる？」と尋ねました。

理由を聞くと、共働きのお母さんが忙しくて、ホットケーキをつくってもらえないからと言います。

トーストを焼くために開店時から用意していた銅板でホットケーキをつくってあげると、少女は満面の笑顔。それでも、ホットケーキをメニューに載せるつもりはなく、あくまでも「裏メニュー」でした。

あるとき、常連のマジシャン・マギー司郎さんが、子どもたちが食べるホットケーキを見て、「自分にも焼いてほしい」と頼んできました。

ほどなく、マギーさんがテレビでピノキオのホットケーキを絶賛したところ、問い合わせが殺到。

――よし、どうせやるなら家ではつくれないようなホットケーキを出そう！

マスターがこだわっているのは、「丸くて厚いホットケーキ」。でもマスターは「いまだに100点満点のホットケーキは焼けたことがない」と言います。

求道者のようなそのこだわりが、世界を魅了しています。

味と造形美で世界を魅了するピノキオのホットケーキ

PEDRA BRANCA

シロップはなし！メレンゲを加えた独創的なホットケーキ

ペドラ ブランカ
［戸越銀座］

全長1・3キロ。関東有数の長さの商店街で知られる戸越銀座。

活気ある商店街から少し離れた住宅街の中にあるお洒落なお店。藍色のタイルに「PEDRA BRANCA」という店名が記されています。

手づくりのメニューはとてもシンプル。食べ物はホットケーキとスコーンのみ。「焼き上がりに20分ほどかかります。バターだけをのせたシンプルな味付けになっております」と書かれています。

店主の白石陽子さんは、2010年（平成22年）9月にペドラ ブランカをオープン。

ブラジル生まれの白石さんは、「白い石」をポルトガル語にしたものを店名にしました。

グラフィックデザイナーの仕事をしていましたが、「デザイナーのオフィスにカフェが併設されていたら素敵だな」と思って、このお店を開業しました。

でも、オープン当初はまったくお客さまが来ませんでした。白石さんは「閑古鳥が鳴くとはまさしくこのことという経験をした」と

スフレのような食感が楽しいペドラ ブランカのホットケーキ

店主が自らデザインした店内

振り返ります。

当時、パンケーキブームだったので、「ホットケーキならみんな好きかも」と思い、スイーツ好きのグラフィックデザイナー仲間にお願いして、試行錯誤しながら独創的なホットケーキを生み出しました。

いまでは、地元の人たちだけでなく、わざわざ遠方から食べに来てくれる人が増えています。

大きさは中ぶりですが、高さ3センチはあるものが2枚重なっています（ドリンク付1200円）。

その上にオリジナルミックスのバターが、まるでアイスクリームのように乗っています。ほかでは見られないインパクトのある姿かたちです。

シロップはなし。ナイフを入れると、表面はサクッとしています。

でも、中はフカフカで、スフレのような感覚。バターが染み込むとしっとりして、カステラのような食感になります。生地本来の旨みがダイレクトに伝わってきます。

小麦粉は国産、ベーキングパウダーもアルミニウムフリーのものを使っています。

泡立てたメレンゲを、直前に生地に混ぜ合わせます。焼くときは、セルクル（型枠）に蓋をして、蒸らしながらじっくり焼きます。

これがスフレのような独特の食感を生み出している秘密です。

普通のホットケーキとはまったく異なる新感覚の異次元ホットケーキ。

ホットケーキは間違いなく進化しています。

いこいのひととき
珈琲さいとう

ゆるく流れる空間で食べるほのぼのとしたホットケーキ

珈琲さいとう
［武蔵小山］

東急目黒線武蔵小山駅から徒歩5分ほど。アーケード商店街を突っ切った角にあるマンションの1階に珈琲さいとうはあります。

店の入り口の看板には、「ホットケーキ生地から仕上げた焼きたての味をお楽しみ下さい。430円」と書かれています。

ホットケーキだけでなく、フードメニューがとても充実。

その昔レストランで働いていた店主の齋藤明さんと奥さまの陽子さんがつくるカレーやハヤシライス、ハンバーグ、ボルシチなどは、近所で評判です。

お客さまに喜んでもらいたくて少しずつメニューが増えていったそうです。

齋藤さんは、レストランで働いたあと、江戸川橋の珈琲館の雇われ店長になりました。「いつかは自分のお店を持ちたい」と思っていた齋藤さんのところに、当時珈琲館だったこのお店を受け継がないかという話が舞い込んできました。

十条で育った齋藤さんは武蔵小山とは縁もゆかりもありませんでしたが、「これもご縁」

ゆるやかな時間の流れる空間

と自分の店を持つことに。

1993年（平成5年）に珈琲館から独立し、「珈琲さとう」に模様替え。それから四半世紀、地元に根付いてきました。

ホットケーキのレシピは、珈琲館時代のまま変えていません。でも、生地は卵と牛乳の微妙な加減で変わります。卵の大きさによって、牛乳の量を長年の感覚で調整。経験を積まないとできません。

ホットケーキは中ぶりのものが2枚。ホイップクリーム、バターにメープル風シロップが添えられています。

こんがりきつね色が食欲をそそります。サクッとナイフを入れると、中はふんわり。素朴で、じつにほのぼのとした味わいです。

二人で来て、ホットケーキをひとつだけ頼むお客さまには、シロップを2つ出してあげるそうです。すると、みんな嬉しそうに、たっぷりシロップをかけてホットケーキを頬張るそうです。

この手づくりホットケーキが、なんと430円で食べられる。武蔵小山に住む人たちは幸せ者です。

外から来てこの商店街の変貌ぶりを見てきた齋藤さんはこうつぶやきます。

「いまはどこにでもあるチェーン店ばかりになり、つまらない商店街になりました。昔はこうじゃなかった。武蔵小山にしかないようなお店があったんですがね……」

ゆるく流れる空間で食すホットケーキ、いまどきの最高の贅沢です。

こんがりきつね色の珈琲さいとう.のホットケーキ

きつねとはちみつ

3階まで上がってもらうために研究を尽くしたホットケーキ

きつねとはちみつ［池上］

10年ほど前、白金に人気のホットケーキ店がありました。

メディアで何度も取り上げられ、行列のできる繁盛店になりました。あの小田和正さんも来店したとのこと。

でも、営業していたのは、わずか2年あまり。ホットケーキの名店は忽然と姿を消してしまいました。

それから5年、店主だった松本順さんが新たな挑戦の場として選んだのは、東急池上線の池上でした。

駅からてくてく歩くこと5分ほど。住宅地の通り沿いに小さなお店がぽつんと建っています。店の外に「ホットケーキ」の看板が立てかけてあります。

松本さんは武蔵野美術大学建築学科出身のアーキテクト。ディズニーランドのレストランで働いたこともあるそうです。

研究熱心さ、サービス精神は折り紙つき。こだわりだしたら止まりません。

でも、最初からホットケーキにのめり込んでいたわけではありません。白金のお店が3

きつねの焼印がキュートなきつねとはちみつのホットケーキ

明るくカラフルな店内

階にあったのがきっかけ。松本さんはこう振り返ります。

「何か目玉がないと、3階まで上がってきてもらえない。そこで、ホットケーキに目をつけました」

名店と言われるお店を食べ歩き、試作を繰り返し、みんなが美味しいと思うホットケーキにようやく辿り着きました。

内装はカラフルで、ちょっとメルヘンチック。おじさんのひとり客ではちょっと浮いてしまいますが、ためらわずホットケーキを注文。

中ぶりのほどよいサイズのホットケーキが2枚（460円）。きつねの焼印がキュートです。ナイフがサクッと入ります。中はふっくら、しっとり。

机の上にはメープルシロップとはちみつが置かれています。はちみつはねっとりタイプなので、メープルシロップのほうが合います。ホットケーキ、バター、メープルシロップが混然一体となって、じつに美味しい。

生地だけ食べても美味しいようにと、生地にバニラエッセンスや練乳を加えています。牛乳はふるさと牛乳。こだわりと工夫が感じられます。

プレーン以外のバリエーションが、じつに豊富。

抹茶やチョコレートといった定番に加え、季節感を感じさせるものも用意しています。春には、桜ホットケーキが登場。なんとも風情があります。

遊び心満載の専門店。散歩がてらに寄れたら、最高です。

CIVITAS

シビタス
【蒲田】

万惣直系の味！職人魂を引き継ぐ「ザ・ホットケーキ」

その昔、神田須田町の万惣フルーツパーラーに、加茂謙という伝説の職人がいました。昭和のはじめのころです。彼こそが、「万惣のホットケーキ」の生みの親だと言われています。

その加茂謙のホットケーキの味を、いまでも引き継いでいるお店が蒲田にあります。それがシビタスです。

駅直結の東急プラザが1968年（昭和43年）にオープンしたときに、万惣の蒲田支店として開業。半世紀の歴史を誇ります。

現在は、果物仲卸の神田万彦が運営しています。

1836年（天保7年）創業の老舗果物卸。あの千疋屋の仕入れを一手にまかされている、知る人ぞ知る会社です。

シビタスとは「都市市民」「都市社会」「都市文化」を意味するラテン語。社会の平和と安全を願って命名されました。漢字で「市美多寿」と表記します。

カウンター席は一部ガラス張りになっていて、ホットケーキが銅板で焼けていく様子を

焼いている姿が見えるオープンキッチン

見ることができます。マスターの黒川義正さんは、こう言います。

「いくらいいレストランでも、キッチンを見せられないのはダメ。オープンカウンターにしているのは、見せていい仕事だという誇りでもあるし、お客さまも安心だと思う」

黒川さんは1995年（平成7年）から20年以上、シビタスでホットケーキを焼きつづけています。その動きはじつに手際がよく、一切ムダがありません。

生地は毎朝、手で仕込みます。一度の仕込みでボウル3つ分。土日は12ボウルつくります。

生地がなくなったら、その日はおしまい。夕方5時半ごろには売り切れになることが多いそうです。

来店者の95%は、ホットケーキを注文します。休日には行列が必至。285人分（570枚）焼いた日もあります。外国人客も増えています。

こんがり焼けた中ぶりのものが2枚（530円）。バターがひとかけら乗っています。

万惣直伝の濃厚シロップをかけて食べると、文句なく美味しい！　材料のよさがダイレクトに伝わってきます。焼き加減も絶妙。これぞ「ザ・ホットケーキ」です。

フレッシュジュースも人気。オーダーを受けてから、フルーツをカットしてつくります。フルーツは神田万彦のものなので、美味しいに決まっています。

引き継がれているのは、味だけではなく、職人魂なのです。

ホットケーキの原点！　シビタスのホットケーキ

Column 3

ホットケーキミックス進化論

日本の家庭にホットケーキという食文化が広がったきっかけのひとつは、間違いなくホットケーキミックスの登場です。

自宅で手軽につくることができるホットケーキの素が発売されていなければ、ホットケーキがここまで日本に根付くことはなかったでしょう。

なかでも、「森永ホットケーキミックス」はシェア40％を誇る最大手。

森永製菓でホットケーキミックスを担当する渡部耕平さん、広報の寺内理恵さんから興味深いお話をうかがいました。

森永製菓が1957年（昭和32年）に最初に出した商品の名称は、「森永ホットケーキの素」。チューブ入りのメープルシロップが添えられていました。

価格は、450グラムで180円。キャラメル1箱20円、かけそば1杯25円の時代でしたから、まだまだ贅沢品でした。

その2年後、森永は商品名を「森永ホットケーキミックス」に変え、価格をいっきに100円まで下げました。シロップを別売りにすることによって、消費者が購入しやすい価格にしたのです。

さらには4年後の1963年（昭和38年）、容量と価格は据え置いたまま、粉末タイプのメープルシロップを付けました。価格を下げるために、一度はシロップを外したのですが、やはりホットケーキにシロップは欠かせません。

価格を上げることなく、シロップを付けることによって、商品の魅力は大きく高まりました。こうしたきめ細かい施策によって、販売量は当初の10倍まで増えました。

最近では、来日する外国人旅行者が、お土産として買っていくそうです。

渡部さんが「こんなに膨らむホットケーキは見たことがないって外国の方は驚くんですよ」と嬉しそうに教えてくれました。

とりわけ、中国人には絶大な人気。１００円ショップで売られている使い切りタイプのものを爆買いしていくそうです。

中国では経済成長のおかげで、専業主婦が増え、母親が子どものために手づくりの料理やおやつをつくるようになっています。そうした母親たちから、安心で美味しい日本のホットケーキミックスは絶大な支持を受けているのです。

60年以上にわたって、ロングセラーとして売れつづけているホットケーキミックスですが、新しいことにも果敢に挑戦しています。

プレミアムな材料にこだわった「北海道素材にこだわったホットケーキミックス」やビタミンやカルシウムを含んだ「成長応援ホットケーキミックス」など話題の新商品も続々投入しています。

ホットケーキミックスの進化も止まることがありません。

4

歴史ある街で独自性を磨く【神奈川エリア】の名店

珈琲苑

こだわるけど、それを押し付けない珈琲専門店のホットケーキ

自家焙煎 珈琲苑
［川崎］

JR川崎駅から徒歩数分。銀柳街という昔からあるアーケード商店街の中にある昔ながらの喫茶店。

店は2階ですが、1階に「サイフォンコーヒー、ホットケーキの店珈琲苑」という看板が置かれています。

店に入ると、焙煎前の珈琲豆の樽が20種類ほど置かれています。奥には、ガラス製の水出しコーヒーの器具も設置されています。

場所柄か、多種多様なお客さまでいつもにぎわっています。

カウンターに座ると、銅板でホットケーキが焼かれる様子を見ることができます。

生地を銅板に落とし、数分経つとぷっくり膨れてきて、焼き色がついてきます。ここぞというタイミングでひっくり返すと、美味しそうなきつね色に。

添えられているのは、ホイップバターに自家製メープルシロップ。プレーンのホットケーキは2枚で830円（ドリンク付）。

ふっくらした食感。媚びたところのない、素朴な味わい。みんなに愛される飽きのこな

モーニングセットで選べる珈琲苑のホットケーキ

珈琲も本物の味

い美味しさです。

トッピングも充実。チョコレート、小倉、ハニークリームなど8種類ほど用意されています。クリームやジャムなども全部手づくり。

店を切り盛りしているのは、マスターの城田弘仲さん。25年前のオープン時からこの店をまかされています。

ホットケーキは開店当初からのメニュー。城田さんは、子どものころの思い出をこう語ります。

「昔、不二家でよく食べたホットケーキの味やワクワク感が忘れられない。そんな気持ちを味わってもらいたくて、丁寧に焼いていています」

いまでは、お客さまの3分の1くらいが注文する人気メニュー。仕事帰りのサラリーマンが食べて帰っていくこともあるそうです。

こだわりは練り。

練らないと膨らまないが、どの程度練るかは、季節ごとの気候や気温で微妙に変わってきます。練った生地はすぐには焼かずに、寝かせています。

ホットケーキは、モーニングセットでトーストの代わりに選ぶことができます。ホットケーキ1枚にサラダとゆで卵がついて600円。これはお得!

トーストよりホットケーキを注文する人のほうが多いそうです。

こだわるけど、それを押し付けるような無粋なことはしない。

だから、みんなに愛されているのです。

COFFEE SHOP リラ

ホットケーキ好きのマスターが焼くやさしいホットケーキ

COFFEE SHOP リラ［鶴見］

JR京浜東北線鶴見駅。京浜工業地帯のど真ん中という印象ですが、西口は昔ながらの住宅地。庶民的な商店街もあります。

駅前の西友の1階に、小さな喫茶店があります。そこがCOFFEE SHOP リラです。

開業したのは、50年も前のこと。以前は独立したお店でしたが、30年前に西友が建つときに区画整理が行われ、テナントとして入居することになりました。

昔は、リラ以外の喫茶店も数多くあったそうです。でも、スタバやドトールができて、ひとつ、またひとつと消えてしまいました。

その中で、リラは地元の常連さんたちでにぎわっています。近所の人たちが気楽に寄れる気さくなお店というのは、とても貴重です。

ナポリタン、エビピラフ、焼きそばといった昔ながらのメニューが人気。

店内はさほど広くありませんが、とても居心地のよい空間。映画『カサブランカ』のポスターが飾られています。

マスターの湯浅東起夫さんと奥さまの登美さんで切り盛りしています。

映画ポスターが飾られた店内

ホットケーキはお客さまの要望で始めました。せっかくやるなら本格的にやろうと、合羽橋の道具街で銅板を買い求め、スタートしました。

もともとマスターはホットケーキが大好物。万惣フルーツパーラーのホットケーキが好きで、よく食べに行っていたとのこと。いまは、万惣の流れをくむ蒲田のシビタスによく行くそうです。

小ぶりで、ほどよいサイズのものが2枚（530円）。こんがりきつね色で、見た目が美しい。

バターを塗り、メープルシロップをたっぷりかけて食べると、ほのぼのとした美味しさ。マスターと奥さまの「やさしさ」が伝わってくる味です。

特別なわけではありませんが、また食べたくなる。飽きのこない味というのは、こういうことを言うのでしょう。

これまたお客さまの要望で始めたトッピングも充実。ホイップクリーム、あんこ、バニラアイス、抹茶アイスがどれも50円と、じつに良心的。

奥さまは、こう言います。

「うちなんて、普通のホットケーキ。特別なことは何もしてないわよ」

でも、生地に生クリームを加えて、しっとり感を出すなど、工夫しています。やはり、家庭で食べるホットケーキとはひと味違います。

ホットケーキ好きのマスターが焼く、じつにやさしいホットケーキ。美味しいに決まっています。

珈琲家

地元のオアシスが提供する「おまけ」付きホットケーキ

珈琲専門店 珈琲家
［稲田堤］

JR南武線と京王相模原線が乗り入れている稲田堤。駅から徒歩数分、小さな商店街の中にある喫茶店、それが珈琲専門店 珈琲家です。

オープンは2002年（平成14年）5月。清潔で、明るい店内は、いつも地元客でにぎわっています。

店を切り盛りしているのは、マスターの関田祐史さんと奥さまの恵美子さん。

関田さんは20年近く茅場町で働いていました。証券の売買を取り次いで手数料を得る「才取り」という仕事をしていましたが、その仕事がシステム化され、会社もなくなってしまいました。

「これからは好きなことを仕事にしよう」と一念発起。喫茶店の開業を決めました。

当時、よく通っていた茅場町珈琲家のオーナーにお願いし、喫茶店の基本やホットケーキの焼き方を教えてもらったそうです。

ちなみに茅場町珈琲家は、息子さんが後を継いでいます。

ホットケーキは1枚から注文できます。1

地元客でにぎわう店内

枚330円、2枚580円。2枚にすると80円お得です。

カウンターに座ると、ホットケーキの焼ける様子が見えます。生地をシャカシャカと混ぜ合わせ、ゆっくりと銅板に落とします。

ホットケーキがゆっくり膨れてきます。マスターはホットケーキの様子をじっと見ながら、ここだというタイミングでひっくり返します。

そして、焼けたホットケーキを銅板の上でくるくる回しながら、形を整えます。手間をかけた、丁寧な仕事ぶりに感心します。

大ぶりで、厚みは2センチほど。しかも、その上にはミニホットケーキが「おまけ」でちょこんと乗っています。

「おまけ」は子どもたちに喜んでもらおうと始めたそうですが、ビジュアル的にも、とてもインパクトがあります。

バターを全体に塗り、手づくりのシロップをたっぷりかけます。さっくり、しっとりというよりも、ザクッ、どっしりという感じ。しっかり食べ応えがあります。

「こだわらないのが、こだわり」と関田さんはさらっと言います。

でも、練り方には相当気を使っています。手で覚えた耳たぶのような柔らかさを出すために、卵の微妙な大きさの違いなどを考えながら配合しています。

まさに、経験がなせる業。

珈琲家のホットケーキは、簡単には真似ができません。

「おまけ」がちょこんと乗った珈琲家のホットケーキ

IWATA

ほれぼれする美しさ！60年以上愛されつづける古都のホットケーキ

イワタコーヒー店［鎌倉］

鎌倉小町通り。一年中観光客が絶えない日本有数の観光スポット。

その入り口からすぐのところにイワタコーヒー店があります。ホットケーキ好きなら知らない人はいない超人気店です。

開業は、1945年（昭和20年）。玉音放送からわずか数ヶ月後のこと。

お店はモダンな造りで、ゆったりしています。奥にはきちんと手入れされた庭があり、ガラス越しに明るい陽射しがたっぷりと注がれています。

お店の調度品は、雰囲気を変えないように、修復、新調しています。

ソファも以前と同じものを特注しています。常連さんにとって居心地よい空間でありつづけるための投資は惜しみません。

現在の店主、岩田亜里紗さんは3代目。2代目の叔父さんが突然他界され、急遽後を継ぐことに。2006年（平成18年）のことでした。

店内に入ると、席に着く前に「ホットケーキのご注文はありますか？」と聞かれます。調理に時間がかかるので、「少しでも早くお

歴史を刻んできた
レジスター

出したい」という配慮なのでしょう。老舗の気遣いを感じます。

ホットケーキがいつから供されていたかは定かではないそうです。でも、古い写真にも残っており、開業すぐのころからメニューにあったようです。

パンケーキブームのときに、爆発的に人気が出ました。5時間待ちの行列ができたそうです。最高記録は、なんと1日に350食！

そのころと比べると落ち着きましたが、それでもイワタコーヒー店の看板メニューとして絶大な人気を誇っています。

イワタコーヒー店のホットケーキの特徴は、なんといってもその見た目の美しさにあります。まるで芸術作品のようなフォルムに圧倒されます。

最初は普通のホットケーキでしたが、調理スタッフの遊び心で少しずつ厚くなっていき、いまのような形になりました。

中ぶりですが、厚さ4センチのものが2枚に、バターが2個（800円）。

ナイフを入れると、表面はサクッとしていますが、中はふんわり。まるでカステラのようです。焼くときに、セルクル（型枠）の上に使い終わった牛乳パックをかぶせ、じっくり蒸し焼きにしています。

メープルシロップをたっぷりかけて食べると、じつに美味しい。ほどよい塩気がいいアクセントになっています。岩田さんは笑顔でこう教えてくれました。

「レシピは何十年も変えていません。完成されているので変える必要がない。ホットケーキはみんなに愛されているので、これからも続けていきます」

芸術的なフォルムのイワタコーヒー店のホットケーキ

Column 4

ホットケーキに合う飲み物

ホットケーキの食べ歩きをしているうちに、「ホットケーキに一番合う飲み物って何だろう？」と考えるようになりました。

最初のころは、何も考えずにコーヒーを注文していました。

ホットケーキを供するお店には、自家焙煎するなどコーヒーにこだわるところも多くあります。甘みのあるホットケーキには苦みのあるコーヒーがベストチョイスだと勝手に思い込んでいました。

ホットケーキミックスの大手、昭和産業が「ふんわりホットケーキのお供の飲み物は？」というアンケート調査をしています。

それによると、断トツの1位は「あたたかいコーヒー」で48％。2位には「あたたかい紅茶」の28％。無難というか、常識的な結果でしょう。

意外だったのは、4位にランクインした「あたたかいココア」（6％）。甘いスイーツに甘い飲み物を合わせるというのは、よほどの甘党なのでしょう。

そんな結果は無視して、私がホットケーキに一番合うと思っている飲み物とは？

それは、シャンパンです。

「なに、お酒……？」と思う人もいるでしょう。

でも、上質なホットケーキには、シャンパンが絶対に合う……はずです。というのは、私自身もまだ試したことがないのです。

美味しいホットケーキを供してくれるのは、街場の喫茶店かフルーツパーラー。ビールは置いてあっても、シャンパンは置いてありません。

だから、ホットケーキにシャンパンを合わせる機会がないのです。じつに残念です。

フランスのブルターニュ地方では、ガレットにりんごでつくる微発泡性のシードルを合わせます。ガレットとは、そば粉でつくるパンケーキのこと。ガレットはデザートというより食事として食べられることが多いので、お酒に合わせるという習慣が生まれたのでしょう。

そんな中、「居酒屋でホットケーキが食べられますよ」という耳寄りな話が。

調べてみると、神田でホットケーキをデザートとして出す居酒屋が増えているそうです。「神田流ぶつ切りホットケーキ」と称して、箸で食べ、みんなで盛り上がるのが神田流とのこと。

たしかに、ホットケーキの新しい楽しみ方ではあります。

でも、残念ながら、良質なホットケーキの繊細さを味わうことはできそうもありません。見目麗しきホットケーキに1杯のシャンパンを添えてくれるお店、できないかなあ……。

5

正統派を貫き、庶民に愛されつづける【関西】の名店

80年以上続く「スマートさん」の正統派ホットケーキ

スマート珈琲店［京都］

京都の三条から御池を結ぶ寺町商店街。昭和初期のころは京都随一の繁華街で、東京でいうと銀座のようなところだったそうです。

スマート珈琲店の開業は、１９３２年（昭和7年）。地元では「スマートさん」の愛称で親しまれています。

「スマート」とは「気の利いたサービスができる店をめざす」という意味が込められています。当時のモダンな雰囲気は、いまでも楽しめます。

開業当初は、「スマートランチ」という洋食屋さんでした。しかし、戦争に突入し、物資が手に入らなくなり、洋食屋は続けられなくなりました。

それでも、なんとか珈琲豆と砂糖だけは手に入れ、喫茶店として営業を続けました。

戦後、バブルが崩壊し、不況の波が押し寄せました。スマート珈琲店も経営難に陥り、給料を払えないこともあったそうです。

しかし、10年ほど前から人気が再燃。ＳＮＳの普及や外国人客の増加などもあり、いっきに人気のお店へと復活しました。

いまではランチのみですが、洋食も復活。お店の2階でハンバーグやコロッケ、オムライスなど往年の味を楽しむことができます。ホットケーキは創業時からの人気メニュー。2枚で650円。有塩バターと特製シロップでいただきます。

じつに素朴で、正統派のシンプルなホットケーキ。奇をてらったところが一切ありません。平日でも100～200食出る「看板商品」。その人気ぶりに圧倒されます。

店内に置かれたドイツ製の焙煎機

ホットケーキを焼くのは、3代目の元木章さん。レシピはおばあちゃん（創業者の奥さま）がつくったものを、そのまま受け継いでいます。

小麦粉を測る秤まで、昔のもの。その目盛はなんと「匁《もんめ》」。壊れたら、同じものは二度と手に入らないので、大切に使っています。

材料を大きなボールで混ぜ合わせ、冷蔵庫で寝かせます。そして、鉄板でじっくり焼いています。

元木さんはホットケーキをつくるコツをこう語ります。

「人に教えようにも卵の溶き方、粉の混ぜ方、その手順など擬音語でしか表現できない。自分も父がつくる姿を見て学びました。慣れるしかないですね」

そして、ホットケーキについて、こう教えてくれました。

「お客さまが求めてくれるからやめられない。だから、続けている。これは宿命。自分がいる限りは、ホットケーキは絶対に残していきます」

美空ひばりも愛した「スマートさん」のホットケーキ

American

豪華絢爛なお店で食す お客さま本位のシンプルなホットケーキ

純喫茶アメリカン
［大阪道頓堀］

大阪ミナミの千日前商店街。そこの主のように存在感抜群のお店が純喫茶アメリカンです。

戦後間もなく「花月」という名前で、いまの場所から2ブロック南に開業。なんば花月（当時）の前だったので、「花月」と命名したそうです。

1946年（昭和21年）に、「アメリカン」として名前をかえ、いまの場所で新装開店。「あ」で始まり「ん」で終わる5文字の名前がいいと知人のアドバイスでアメリカンに決定したようです。

店内に入ると、その豪華絢爛さと広さに圧倒されます。

大理石のらせん階段に大きなシャンデリア。2階建てで座席数は245。1階は「アメリカンドリーム」、2階は「ヨーロピアンエレガンス」がコンセプト。手間とお金をかけているのがわかります。

少し敷居の高い「ハレの日の喫茶店」として長年愛されています。昔も今もお見合いの場としても使われているそうです。

豪華絢爛さが際立つ店内

劇場関係者もご常連。昔はエンタツ・アチャコ、かしまし娘、藤山寛美。いまでは吉本興業の芸人さんたちも贔屓にしています。

営んでいるのは、山野陸子さん、誠子さんの姉妹。創業者の孫娘で、三代目です。

ホットケーキも昔からのメニュー。材料にこだわり、専用の銅板で1枚ずつ丁寧に焼いています。

1人前2枚で570円（単品）。モーニングセットでもホットケーキが選べます。自家製の小倉あんを使った小倉ホットケーキも人気です。

アメリカンのホットケーキは、あらかじめバターを塗って6つにカットされて供されます。温かいうちに食べてほしい、「食べやすさ」も美味しさのうちと考えているからです。

シロップはガムシロップのように透明。メープルシロップだと強すぎてふわふわのホットケーキに合わないので特別にお店で調合したシロップを使っています。

最大の特徴は、その軽さ。口あたりがよく、あっさりしているので、すぐに完食できます。ほかで食事したあとでも、食べたくなる味です。

ホットケーキは持ち帰りもできます。かつて道頓堀に数多くの劇場がありました。その幕間に食べられるようにと、サンドイッチの持ち帰りを始めたところ、「甘いものも食べたい」という要望に応えるために始めたそうです。

常にお客さま本位。それが愛されつづける秘密です。

喜劇王・藤山寛美をとりこにしたアメリカンのホットケーキ

おおきに！ ミナミのコーヒー専門店で食す 昔ながらのホットケーキ

アラビヤコーヒー【大阪道頓堀】

法善寺にもほど近いミナミの繁華街の中にある老舗のコーヒー専門店。1951年（昭和26年）開業の老舗です。

創業者である先代が戦争から戻ってきて、「お国のために尽くしたのだから、これからは自分の好きなことをやろう」と焼け野原の地にコーヒー店を始めました。

年季の入ったカウンターが歴史を感じさせます。開店当時は、コーヒー1杯50円。さぞかしハイカラなお店だったのでしょう。

「アラブの人がコーヒーを最初に飲みはじめた」という話から店名が決まりました。でも、当初は「アラビアコーヒー」。いつの間にか「アラビヤコーヒー」になりました。「○○屋」のように「ヤ」がついたほうが、大阪の人にはなじみやすいというのが理由だったようです。

建物は創業当時のままですが、店内は3回改装。店内に飾られている木彫りのメニューや幌馬車の木工品は、先代や現マスターの高坂明郎さん、マスターの弟さんたちによる手づくり。素人の作品とは思えない出来栄えで

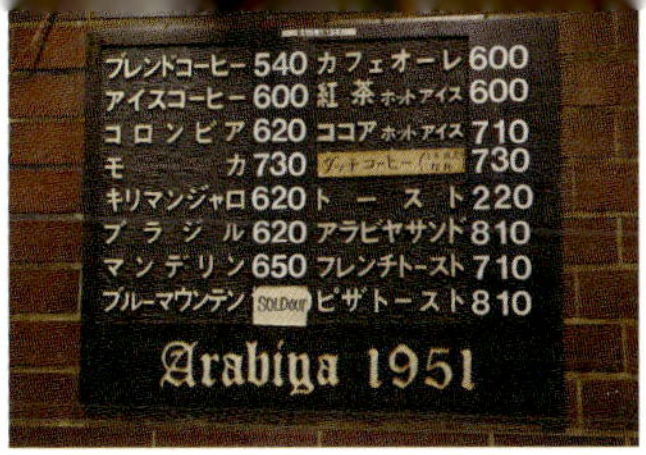

手づくりの
木彫りのメニュー

す。

　ホットケーキは先代のころからのメニュー。そのころまでは食事としてはトーストしかなく、お客さまの要望で始めました。いまでは、フレンチトーストやピザトースト、アラビヤサンドなども提供しています。

　正真正銘手づくりのプリンも人気。コーヒーゼリーは外国人には珍しいらしく、よく出るそうです。

　ホットケーキは2枚で７６０円。3年前に奥さまの久美子さんがレシピを変えたそうです。トラディショナルなお店の雰囲気に合うトラディショナルな味わいを食べてもらおうと試行錯誤しながら、いまの味に行き着きました。

　銅板で丁寧に焼いています。火加減がとても難しい。つきっきりで焼かないと、ちょっとの火加減で焦げてしまいます。

　生地はあらかじめ仕込んでおき、寝かせます。添えられているのは、有塩バターとメープルシロップ。

　サクサク感はなく、もちもちした感覚。中はふんわりしています。

　バターの塩分とメープルシロップの甘さが混じり合い、美味しい。しっかりした食べ応えがあります。

　昔からの常連さんは少しずつ減ってしまいましたが、その代わり観光客が増えています。6〜7年前からは外国人客が増えているそうです。

　店を出るときにマスターが「おおきに！」と声をかけてくれました。お客さまは変わっても、喜んでもらいたいという気持ちは変わることがありません。

トラディショナルな味わいのアラビヤコーヒーのホットケーキ

珈琲専門店

サンシャイン

朝から晩まで大人気。アツアツの誠実なホットケーキ

喫茶サンシャイン［東梅田］

大阪曾根崎のオフィスビルの地下2階にある喫茶店。地下鉄駅と直結していますが、フロアの一番奥まったところにあります。

開店は1973年（昭和48年）。店主は橋﨑光男さん。「光男」なので、サンシャインと命名しました。

このオフィスビルには、かつて3～4軒の喫茶店が入っていました。隣のビルにも5軒ほど喫茶店があり、大激戦区でした。

でも、いま残っているのはサンシャインだけ。

その理由を橋﨑さんに問うと、こう答えてくれました。

「朝6時から夜9時半まで自分がいつも店に立って、お客さまと接してきました。ただただ誠実にやってきた。それが理由じゃないでしょうか」

珈琲にこだわり、自家焙煎しています。壁には「今月の極上の一杯」とおすすめの珈琲が紹介されています。

ホットケーキは創業時からメニューにありました。とくに理由はなく、「喫茶店にはあ

フライパンは
火加減が難しい

るものだから」と始めました。

じつは、冷凍ものを使っていた時期もあったそうです。でも、「この味だったらないほうがいい」とメニューから消えました。

20年ほど前、お客さまが減りはじめたので「何か手を打たなくては」と考え、ホットケーキを復活させることを決めました。今度は本格的にやろうと、ケーキ屋さんに教えてもらったりしながら、いまのレシピに辿り着きました。

サンシャインのホットケーキの特徴は、フライパンで焼くところにあります。

火加減がとても難しい。「これまで20年焼いてきて、100点満点はない。たまにうまくできるときもありますが、それは偶然の産物。毎日がチャレンジです」と橋﨑さんは言います。

ホットケーキはセットのみ。ホットケーキ2枚にドリンクがついて810円。じつにお得です。

大阪のローカル番組で紹介され、いっきに人気に火がつきました。いまではお客さまの大半がホットケーキを注文。朝から晩まで注文が途切れることがありません。

地方から夜行バスで大阪に着いて、そのままお店にやってくる人もいるそうです。中国、韓国などの外国人客も増えています。

美味しさの秘密を聞くと、「アツアツを食べてほしい。温かいうちに食べたほうが絶対に美味しいから」と教えてくれました。

サンシャインのホットケーキには「誠実」という隠し味が入っています。

アツアツがお薦め！ サンシャインのホットケーキ

元町サントス

きつね色が美しい！名店が手間暇かけた本物のホットケーキ

萩原珈琲店 元町サントス
［神戸］

神戸・元町駅から徒歩3分。元町商店街の中にある老舗喫茶店。神戸の住人で知らない人はいない名店です。

創業は1960年（昭和35年）。店長の仁木八朗さんは、創業者の甥っ子。25歳で店長となり、それ以来、店の切り盛りをまかされています。

もともと神戸は喫茶店の多いところ。でも、近年は個人経営の喫茶店は次々に廃業し、チェーン店ばかりが増えているそうです。

その中で、元町サントスは健在です。

ホットケーキは創業当時からメニューにありました。そのレシピや焼き方は、創業時から変えていません。

ただし、値段は変えました。以前は単品メニューしかなく、飲み物を頼むと1000円近くしてしまうので、思うように数が出なかったそうです。

そこで、いまから25年ほど前に、「ホットケーキセット」を考案。飲み物付きで700円にしたところ、いっきに注文が増えました。

同時に、マロンと小倉も追加。これで客層

水分を飛ばさないために透明な蓋をして焼き上げる

が広がりました。

いまでは、平日でも40食ほど、土日になると100～150食出る看板メニューになりました。

生地は前日に仕込み、半日から1日寝かせます。これで生地が落ち着き、粉っぽさがなくなります。焼く直前に牛乳とベーキングパウダーを足し、生地を伸ばします。

ホットケーキを焼くのは、厚さ1センチの鉄板。鉄板に生地を落としたら、透明の蓋をして蒸し焼きにします。

蓋をするのは、水分を飛ばさないため。これで、ふっくらして、柔らかいホットケーキに焼き上がります。

焼き上がったホットケーキは見目麗しい。美しいきつね色が食欲をそそります。

バターは塗りやすくするために、柔らかい状態にして皿の端にのせます。バターを塗り、メープルシロップをかけて食べると、まさに老舗の本物の味。

ホットケーキを焼くのは、仁木さんと男性社員2名。仁木さんがそのノウハウを伝授していますが、簡単ではありません。仁木さんは、こう言います。

「ホットケーキは、やってくださいと言ってすぐできる代物ではありません。焼いて焼いて身体で覚える。生地の柔らかさによって膨らみ方も違うので、感覚で覚えてもらうしかありません」

手間暇を惜しまないホットケーキ。簡単には真似のできない老舗の味です。

老舗の職人技が光る元町サントスのホットケーキ

Part Ⅱ

ホットケーキの繁盛店から学ぶ ビジネスで成功するための10のヒント

1 ホットケーキにはビジネスのヒントが詰まっている

▼ビジネスとは「差別化」競争

Ｐａｒｔ Ⅰでは、私が実際に訪れたお気に入りのホットケーキの名店を紹介しました。気が向いたら、ぜひお近くのお店を訪ねてみてください。

たんなるガイドブックであれば、それでおしまいなのですが、そこで終わらないのがこの本の変なところです。

ホットケーキとビジネス――一見何の関係もないように見えます。

私も、最初はそう思っていました。

しかし、ホットケーキの繁盛店を訪ね歩くうちに、それぞれのお店がさまざまな工夫を凝らし、数多くのお客さまに来店してもらい、喜んでもらっている様子を知るにつれ、「ホットケーキという食べ物にはビジネスで成功するためのとても大切なヒントが隠されている」ような気がしてきたのです。

ともすると大企業が忘れてしまいがちな「ビジネスの本質」を突くようなとても大事な

考え方や取り組みが、そこにはありました。

繁盛するには、理由《わけ》がある！

ＰａｒｔⅡでは、私が出会ったホットケーキの繁盛店の取り組みを参考に、ビジネスで成功するためのヒントを探っていきたいと思います。


ビジネスで成功するうえで最も大切なことは何か？

それは、「差別化」だと私は思っています。

差別化とは、ほかにはないオリジナルな価値を生み出すこと。成功している会社は、例外なく差別化された価値を生み出しています。

逆に、どんなに努力しても、差別化されていないものは、お客さまから支持されず、競争に勝つことはできません。

差別化の方法は、さまざまです。

どこよりも安い、どこよりも品質がいい、どこよりも性能がいい、どこよりもサービスがいい、どこよりもデザインがお洒落……。

それぞれの会社の強みや弱みを踏まえたうえで、独自の差別化を追求することがビジネスの本質です。

自動車で考えてみましょう。

世界には数多くの自動車メーカーがありますが、それぞれが必死に差別化を生み出そうと競い合っています。

軽自動車メーカーは「価格」での差別化を追求し、低価格を望む顧客をターゲットにしています。ハイブリッドカーは「燃費のよさ」で差別化し、日常的に車を運転する人たちに支持されています。スポーツカーは「走りの快適さ」や「格好いいデザイン」で差別化を狙い、車好き、走り好きの人たちにアピールしています。

ビジネスとは「差別化」競争にほかならないのです。

▼大切なのはお客さまから支持され、簡単には真似されないこと

ほかにはないものを生み出すといっても、自分勝手に好きなものをつくって「差別化だ！」と叫んだところで、ビジネスとしては成功しません。

大事なことは次の2つ。

1 お客さまから支持される差別化

ひとつめは、差別化がお客さまから支持されること。

差別化されているかどうかを決めるのは、会社ではなく、お客さまなのです。

2 すぐには真似されない差別化

2つめは、差別化がすぐには真似されないこと。

ほかの会社が容易に真似できるようなものでは、本当の差別化とはいえません。

真の差別化を生み出すには、それなりの「深さ」が必要です。一度は差別化に成功したからといって、ほかの会社がすぐ真似できるような「浅い」差別化では意味がありません。

大事なのは、ほかの会社が簡単には真似できない深さを伴った「持続可能な差別化」を生み出すことです。

▼ホットケーキは「どれも同じ」ではない

差別化とは、「個性」と言い換えてもいいでしょう。

世の中で大ヒットしているものは、必ず何かで際立ち、その個性が光り輝いています。

お客さまはその個性に魅力を感じ、支持するのです。

ホットケーキの名店を訪ね歩くうちに、私はそれぞれのホットケーキの個性に感動を覚えるようになりました。

「ホットケーキなんてどれも同じだろう」と一般的には思われているかもしれません。しかし、私が出会ったホットケーキは、どれもじつに個性的でした。それぞれが異なる「顔」をもち、強烈な個性をアピールしていたのです。

――ホットケーキという一見ありふれた食べ物でも、個性を生み出すことができる。

私にとっては衝撃的な発見でした。

ホットケーキは地味で、ありふれていて、手間がかかるのに、値段が安い。商売として考えれば、あまり魅力的には見えない食べ物です。

しかも、ホットケーキは「自宅で焼いて食べるもの」というイメージが強い。わざわざ外に食べに行くものだとは思われていません。

ビジネスとしてやるなら、「外で食べるもの」だと思われていて、生クリームやフルーツでデコレーションをして、見栄えをよくし、高い値段でも売れるパンケーキのほうがいいように思います。

にもかかわらず、ホットケーキの繁盛店はホットケーキにこだわり、個性を生み出し、日本国内のみならず世界中からお客さまを集め、大いににぎわっているのです。

一見ありふれた食べ物でも、やり方次第ではビジネスとして成り立つことをホットケーキは証明しているのです。

▼ホットケーキの集客力はすごい

今回の取材はあくまでもホットケーキのみが対象なので、お店全体の経営状況はわかりません。

でも、ホットケーキの実績だけを見ても、繁盛しているのがわかります。平均的なホットケーキの売り上げは、1日10〜20食程度のお店が多いようです。立地やお店の規模が違うので、これが多いか少ないかは一概には言えません。

しかし、ホットケーキが「看板商品」になっているお店では、平日でも30〜50食は出ています。

日本全国のみならず、世界中から観光客が押し寄せる京都のスマート珈琲店では、平日でも100〜200食というとんでもない数のホットケーキが供されています。

さすがにこれは例外だとしても、万惣フルーツパーラー直系の蒲田のシビタスや八幡山のルポーゼすぎ、錦糸町のニットでは、平日に50食は出ています。

関西でも東梅田のサンシャインは平日50食、神戸の元町サントスでは平日40食は出ます。

いずれのお店も駅近という好立地ですが、けっして立地がいいとは言えない湯島のみじんこでも、平日に40食は出るとのこと。

こうした繁盛店は土日になると数字が跳ね上がり、100食を超えます。経堂のつるばみ舎では土日には100食、観光客が押し寄せる鎌倉のイワタコーヒー店では180食は出ます。関西でも、サンシャインは土日に100食、元町サントスは100〜150食出ると言います。

テレビ番組などで紹介されると、その数字はさらに跳ね上がります。

これまでの最高値は、イワタコーヒー店350食、シビタス285食というとんでもない数字を記録しています。

毎月5の付く日（5日、15日、25日）をサービスデーとし、ホットケーキを150円で提供しているルポーゼすぎでは大行列ができ、毎回300食も出ます。

1年間に2万7000食ものホットケーキを提供しているサンシャインの橋﨑さんは、ホットケーキを焼くのに毎日大わらわです。

注文が入りすぎて一日中焼いている日は、「オレはホットケーキ屋さんか……」と自分につっこみを入れているそうです。

▼ホットケーキを「看板商品」にまで磨き上げる

喫茶店やカフェの経営に憧れる人は多いですが、実際の経営はそれほど簡単なものではありません。

ある専門家のシミュレーションによると、喫茶店・カフェの損益分岐点は「平均客数1日30人、月商100万円」とあります。

よほど立地がよくなければ、1日30人をコンスタントに集客するのは大変です。いい立地を求めれば当然、賃料は上がり、損益分岐点は高くならざるをえません。

そうした中で、ホットケーキの繁盛店はホットケーキを「看板商品」にまで高め、経営として成功させています。

平日50食、土日に100食出れば、1年間でホットケーキだけで2万食を超えます。一見ありふれていると思われているホットケーキには、それ

珈琲 天国では開店直後から
ホットケーキの注文が止まらない

だけの潜在力があるのです。

もちろん、そのためにはホットケーキを「看板商品」に磨き上げる努力と知恵が不可欠です。

たんなるメニューのひとつではなく、ホットケーキ目当てにわざわざお客さまが来店する独自価値に高めなくてはなりません。

ある繁盛店の店主が内緒で教えてくれたのですが、そのお店のホットケーキの原価は100円くらいだそうです。店主は「それなりに量が出れば、ちゃんと儲かりますよ」とニコッと笑いました。

繁盛店のホットケーキのオーダー率は、驚くほど高いものになっています。大山のピノキオは98%、シビタスは95%と驚異的な数字をあげています。

イワタコーヒー店はテレビで紹介されたブーム時には98%を記録しました。いまでこそ落ち着きましたが、それでも70%を維持しています。

ホットケーキ目当ての人たちが全国から押しかけ、経営の安定に大きく貢献しています。そこには繁盛店ならではの経営力が見え隠れします。

ホットケーキはブルー・オーシャン

ホットケーキなんて時代遅れの古くさい食べ物と思われているかもしれませんが、じつはホットケーキは「ブルー・オーシャン」なのです。

ブルー・オーシャンとは「誰もいない青い海」のこと。経営戦略論では「競合相手のいない未開拓領域」を意味します。

ありふれていて、面倒くさくて、値段も安いから、一見儲かりそうには思えません。だから、誰も参入しません。

しかも、一般的には「ホットケーキは自宅で食べるもの」と認識されているので、そもそも需要があるようにも思えません。

だからこそ、参入者が少なく、無競争に近い状態が保たれているのです。

ブルー・オーシャン戦略の提唱者であるW・チャン・キム教授はこう語っています。

一見、『成長が見込めない』と思えるビジネスでも、経営者の気付き、導き方次第では競争相手のいない、穏やかな青い海で無限の可能性を享受し続けることができるようになる。

実際、手づくりのホットケーキを出す個人経営のお店は、首都圏で40店舗ほどしかありません。首都圏には4000万人もの人が住んでいるのに、わずか40しかお店がないのです。

一方、大人気のパンケーキは、じつは「レッド・オーシャン」です。レッド・オーシャンとは「血で血を洗う赤い海」、つまり、「参入者が多く、競争が激しい領域」のことです。

ホットケーキと違い、「外で食べるもの」だと思われているパンケーキは、スイーツ好きをターゲットに参入するお店の数も多く、どうしても競争は激しくなります。

生クリームやフルーツで過剰にデコレーションしないと人気が出ませんが、そうした演出はいとも簡単に真似されてしまいます。

しかも、フルーツは原価が高く、値段を高くしても、それほどには儲かりません。ホットケーキと比べれば市場規模はそれなりに大きく、一見魅力的に見えますが、じつは過当競争なのです。

2

ホットケーキの繁盛店から学ぶべき10のヒント

▼変わらずに、精魂を込める

ホットケーキの名店は、長く営んでいるお店がほとんどです。50年、60年、なかには80年以上続いているところもあります。

街の様子や街に住む人たちが変わっていく中で、「水商売」と言われる飲食業を何十年も続けることはすごいことです。

もちろんどのお店もホットケーキだけに頼って経営しているわけではありません。ホットケーキ以外のメニューや味にもさまざまな工夫を凝らし、努力をしています。

しかし、ホットケーキという食べ物を提供しようとこだわってきた姿勢にこそ、繁盛店になった大きな理由が秘められていると私は思っています。

――精魂を込める。

創業87年のスマート珈琲店

いまでは誰も使わない古くさい言葉かもしれません。

でも、私が出会った繁盛店の人たちは、世の中の変化に抗うかのように、まさに精魂を込めて、毎日毎日ホットケーキを焼きつづけています。

「変わる」のが当たり前の風潮の中で、「変えない」ということは簡単にできることではありません。

そして面白いことに、それがビジネス的に見ても、じつはとても合理的なのです。

私たちが繁盛店から学ぶことができるヒントは、次の4つの視点で整理することができます。

・競争戦略の視点
・現場力の視点
・マーケティングの視点
・経営理念の視点

これら4つの視点で抽出される10のヒントをひとつずつ見ていくことにしましょう。

競争戦略の視点

ヒント 1

一見ありふれたものにこそチャンスはある

▼「商品」がありふれていても、「味」がありふれていなければ必ず売れる

繁盛店が教えてくれる最も大切なヒントは、ホットケーキという「一見ありふれた食べ物でも差別化することができる」ということです。

ホットケーキというと、ちょっと時代遅れで、何の変哲もない、ありふれた昭和の食べ物だと思う人が多いでしょう。

基本の食材は、小麦粉、ベーキングパウダー、卵、牛乳、砂糖。これらを混ぜ合わせ、あとは焼くだけ。バターを塗って、シロップをかければ完成。

いたってシンプルで、差別化できるところなど、どこにもないように思えます。

しかし、繁盛店はそのホットケーキにさまざまな工夫を凝らし、普通のホットケーキとはまったく別物の差別化された魅力ある食べ物にすることに成功しています。

「ホットケーキは家で食べるもの」と思っている人が多い中で、「ホットケーキをわざわざ外で食べよう」と思わせるためには、「特別な何か」がなければなりません。

外苑前のカフェ香咲の店主である岩根愛さんが、大切なヒントをこう教えてくれました。

「どこにでもある定番がめちゃめちゃ美味しかったら、必ず売れます」

思わず唸ってしまうほど、ビジネスの本質を突く鋭い指摘です。

私たちは「商品」と「味」を混同して考えがちです。商品がありふれているから、売れないのだと短絡的に思ってしまいます。

しかし、本当にそうでしょうか？

たとえ商品がありふれたものでも、味がありふれていなければ、売れるはずです。

逆にいえば、売れないのは商品がありふれているからではなく、味がありふれているからなのかもしれません。

ホットケーキというありふれた食べ物でも、味がありふれたものでなければ、その付加価値は格段に高まるのです。

▼「特別なもの」にするこだわり

シンプルな食べ物だからこそ、ホットケーキはごまかしがききません。「焼きすぎたから、生クリームで隠してしまえ」「フルーツやアイスクリームで味をごまかしてしまえ」ができません。

また、気温や湿度によって、材料の配合や生地の練り方、焼き方などを微妙に調整しなければなりません。ホットケーキはじつはとても繊細な食べ物なのです。

だからこそ、繁盛店にはそれぞれの味やつくり方に対するこだわりがあります。

小麦粉にこだわるお店、ベーキングパウダーにこだわるお店、しっとり感を出すために、生地に生クリームやヨーグルトを加えるお店など、それぞれのお店ならではの創意工夫が込められています。

焼き方に対するこだわりも、半端ではありません。

ほとんどのお店は、銅板か鉄板（関西ではなぜか鉄板のお店が多いようです）で焼いています。熱伝導率が高いので、火の通りが早く、均一にきれいに焼けます。

しかし、「銅板や鉄板を使えば誰でも美味しく焼ける」という単純な話でもありません。そこには熟練の技、コツが求められます。

プレートの位置によって温度が異なるので、焼き具合を見ながら微妙に調整しています。この微妙なタイミングのズレで、ホットケーキの味は大きく変わってしまいます。

元町サントス熟練の技

20年以上ホットケーキを焼きつづけてきたシビタスの黒川義正さんは、さりげなくこう言います。

「少しやればやり方は覚えられるけど、返し方とかタネの落とし方とかコツみたいなものはなかなか難しい」

元町サントスの仁木八朗さんも、ホットケーキの奥深さをこう指摘します。

「ホットケーキは、やってくださいと言ってすぐできる代物ではない。焼いて焼いて焼いて、身体で覚えるしかない。生地の柔らかさによって膨らみ方が違ってくるので、感覚で覚えるしかない」

ホットケーキはシンプルだけど、いやシンプルだからこそ、じつに奥が深い。繁盛店は、まさに「ホットケーキ道」を究めようとしているのです。

「深める」ことによって需要を掘り起こす

ビジネスで成長するためには、「広げる」と「深める」という2つの方向性があります。新たな事業、商品などに次々に挑戦し、戦線を拡大させるのが「広げる」です。一方、無闇に間口は広げずに、新たな用途開発など需要を粘り強く掘り起こしていくのが「深める」です。

「広げる」「深める」のどちらを選択すべきかは、それぞれの会社の置かれている状況、競争環境などによって変わってきます。どちらか一方が正解というわけではありません。問題なのは、まだまだ「深める」可能性があるにもかかわらず、安易に「広げる」方向に向かってしまうことです。

目の前に新たなビジネスチャンスがあれば、すぐに飛びつく。それ自体が悪いことではありませんが、魅力的なビジネスというのは、誰にとっても魅力的であり、競争も激しいのです。

真の差別化を実現しようとするのであれば、「深める」ことが不可欠です。もちろん、「深める」には時間も手間暇もかかります。しかし、だからこそ、ほかの会社が真似のできない独自の差別化が生まれるのです。

ホットケーキの繁盛店は、ホットケーキを「深める」努力をしています。「ホットケーキなんて誰も外で食べない」とあきらめてしまうのではなく、「どうしたらわざわざ食べに行く価値のあるホットケーキ」になるのだろうと、創意工夫を凝らしています。

目には見えない潜在需要を掘り起こし、新たな市場をつくる。

これこそがビジネスの醍醐味です。

経営学者であるピーター・ドラッカーは、経営の目的を「顧客の創造」と定義しました。顧客とは、企業が提供する商品やサービスの価値を認め、対価を払って手に入れようとする人たちのことです。

顧客は最初から存在するわけではありません。潜在顧客が「欲しい」と思うような価値を生み出し、「潜在顧客を顕在化させる」ことが経営の本質です。

ホットケーキの繁盛店は、一見ありふれているホットケーキにこだわり、その付加価値を高め、顧客を創造することに成功しているのです。

競争戦略の視点
ヒント
2
真の差別化は「価値の複合化」から生まれる

▼組み合わせることによって価値は高まる

ビジネスにおいて最も大切なことは差別化だとお話ししました。

しかし、競争が激しくなればなるほど、たったひとつの差別化では勝てなくなってきています。

安い、品質がよい、性能がよい、デザインがよいなど、差別化にはさまざまな方法があります。ひと昔前なら、何かひとつが差別化できていれば十分にやっていくことができました。

しかし、競争が激しさを増す中、複数の差別化を同時に実現することが求められるようになってきています。

たとえば、たんに安いだけではなく、品質もよい。品質がよいだけでなく、デザインもお洒落……。

お客さまにとっての価値を、複数組み合わせる。それによって、ほかが真似できない本物の差別化が生まれ、差別化の持続性も長くなります。

こうした取り組みを、「価値の複合化」と呼びます。

たとえば、トヨタ自動車は世界一の品質によって、世界トップクラスの自動車メーカーになりました。世界中の人たちが信頼を寄せる品質は、トヨタにとって最も大事な差別化であることは間違いありません。

しかし、品質がよいからといって価格が高ければ、お客さまの数は限られてしまいます。「こんなに高い品質なのにこの価格」という「値ごろ感」がなければ、大衆車としては成功しません。

トヨタは高い品質を確保しながらも、地道なコスト改善の積み重ねによって原価を下げ、リーズナブルな価格で高品質の自動車を提供することに成功しているのです。

さらに、トヨタはどこよりも早くハイブリッド車を市場に出し、燃費のいい自動車として認識されるようになりました。

高品質、リーズナブルな価格、そして燃費のよさ。

「価値を複合化させる」ことによって、トヨタは世界で高い評価を受けているのです。

きつねとはちみつの焼き印

▼「美しい」というデザインの価値

ホットケーキの繁盛店は「わざわざ食べに行きたい」と思わせるだけの「美味しい」という価値を生み出し、差別化に成功しています。

食べ物なので、美味しいことはなによりも大切です。家庭では食べることができない本物のホットケーキの味を提供することがすべての入り口です。

しかし、繁盛店を見ると、「美味しい」という価値だけで終わっていません。

たとえば、ピノキオやみじんこは「美味しい」に加えて、「美しい」という価値を加えています。まさに食における「造形美」です。

パンケーキは世界中で食べることができますが、これだけ美しいものは日本以外ではお目にかかれないでしょう。

全世界でインスタ映えが人気を博す中、「美しい」というデザイン性の高さはユニバーサルな価値なのです。

同じ見た目でも、奥浅草の喫茶ミモザの5段重ねホットケーキは、「美しい」とは異なる強烈なインパクトがあります。この「遊び心」も世界に通じるユニバーサルな価値といえます。

焼印や型抜きを使って、見た目のインパクトを生み出しているお店も増えています。祖師ヶ谷大蔵の黒田珈琲は4つの型抜きを使って、季節感を「演出」しています。

パンケーキと異なり、ホットケーキはデコレーションのないシンプルな食べ物です。だからこそ、その姿、形はダイレクトに伝わります。

味も形も、シンプルだからこそ、ごまかしのきかない強烈なインパクトを与えうるのです。

▼「経験」に対してお金を払う

ビジネスの世界では、「モノからコトへ」という流れが顕著になっています。

商品という「モノ」の付加価値が相対的に低下する一方で、消費者は経験という「コト」に対して喜んでお金を払うようになっているのです。

これを「コト消費」と呼びます。

自動車や電化製品といった商品が以前ほどには売れなくなる一方で、旅行やレジャーの需要は確実に増えています。

消費者は「経験価値」を求めているのです。

［図1］ホットケーキの価値構成

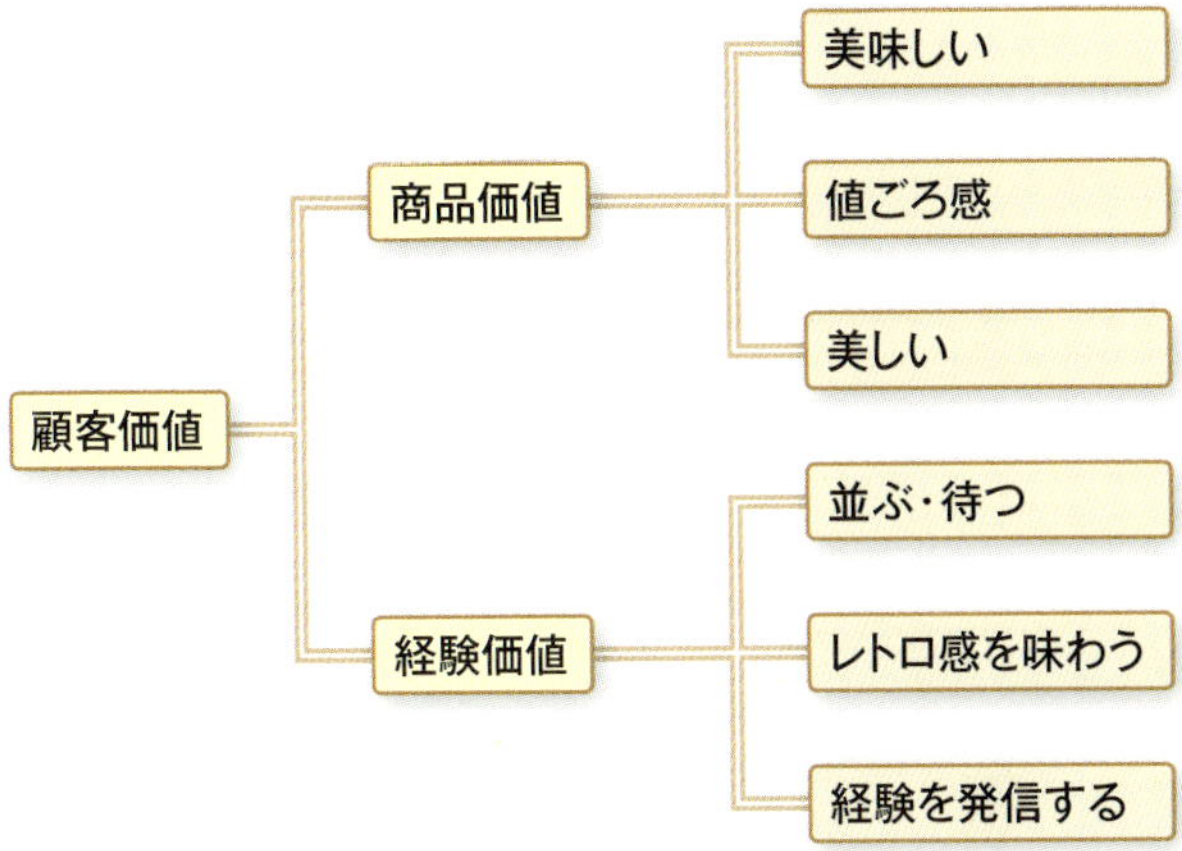

ホットケーキは「モノ」ですが、たんに「美味しい」だけでは、ほかにいくらでも美味しいスイーツは存在します。

「美しい」は「商品価値」の一部であると同時に、「経験価値」にもなりえます。

「美味しい」に加えて「美しい」という価値が加われば、わざわざそのお店に出向き、写真を撮り、SNSで拡散するといった一連の「経験」にすることができます。

繁盛店に海外からの顧客が押し寄せるのも、「美味しい」もさることながら、「美しい」を自ら体験し、それを友人たちに自慢することもひとつの目的なのです。

ピノキオの塩谷さんは「ホットケーキを食べに来ているのか、写真を撮りに来ているのか……」と嘆いていました。私も同感です。

しかし、けっして好立地とはいえないピノキオにお客さまが押し寄せるのは、そこに「美味しくて、美しい」という「商品価値と経験価値が複合化されたもの」があるからにほかならないのです（図1）。

「並ぶ」「待つ」ことも「経験価値」

「経験価値」は「美しい」だけではありません。

昭和の香りの残るレトロなお店に、若い世代や訪日外国人が押し寄せるのも、ほかでは味わうことができない独特の雰囲気に身を置くという「経験」を求めているからです。

昔ながらのクラシックなホットケーキを楽しめる平井のワンモアや南千住のオンリー、錦糸町の喫茶ニットなどのお店は、クラシックなお店そのものも大きな価値です。

レトロな価値は、お店だけでなく、商品にも当てはまります。

大阪のアラビヤコーヒーのカウンターでホットケーキを頰張っていると、二人組の若い女性客が入ってきて、「青いクリームソーダってあるんですか？」と聞いて、オーダーしていました。ワンモアでも「青いクリームソーダ」は若い人たちには物珍しく、人気だそうです。

オンリーのクラシカルな店内

古いものは、じつは、新しいのです。

さらには、「並ぶ」「待つ」というのも、「経験」になりえます。

私は「待つ」ということが大嫌いなので理解できないのですが、「待つ」ことをいとわない、時には「待つ」ことが楽しいという人たちもいます。

カップルや仲間連れで来る人たちの中には、席が空いていてすぐにお目当てのホットケーキが食べられるよりも、むしろ並んで待って食べるほうが価値が高まるという人たちが間違いなく存在します。

それはホットケーキという食べ物としての「商品価値」に、「待つ」という「経験価値」がプラスされるからです。同じホットケーキでも、「待つ」ことによって期待価値は高まり、ありがたみも増します。

「1時間待ったんだよ」と自らの「経験」を友人たちに語ることは、たんに「美味しいホットケーキを食べた」というよりも価値が高いのです。

「待ってでも食べたい」というよりも、「待ってから食べたい」。

「待つ」ことは特別感の演出につながります。

「並ぶ → 待つ → レトロ感を楽しむ → 写真を撮る」という一連の「経験価値」が「美味しくて、美しい」という「商品価値」をさらに増幅させるのです。

競争戦略の視点 ヒント3 シンプルなものでもイノベーションは生み出せる

▼えっ、これがホットケーキ？

究極の差別化は、この世に存在しないまったく新しい価値を生み出すことです。それを「イノベーション」と呼びます。

ありふれていると思われているホットケーキという食べ物で、イノベーションと出会い、私は衝撃を受けました。

ホットケーキというと、昔ながらのこんがり焼けて、バターとメープルシロップで食べるクラシックなものをイメージする人が大半でしょう。

ホットケーキの名店が提供するホットケーキの多くは、クラシックタイプです。安心感、安定感は抜群です。

しかし、なかには「えっ、これがホットケーキ？」と思うほど斬新で、モダンなホットケーキも誕生しているのです。

その代表例が、神保町のＴＡＭ ＴＡＭ。

石釜で焼くここのホットケーキは、まさに「ホットケーキのイノベーション」です。

見た目も、味も、食感も、クラシックなホットケーキとはまったく異なります。誰も真似のできない「唯一無二」のホットケーキです。

このホットケーキを求めて、日本全国から人が押し寄せます。店の前にはいつも行列ができていて、ゴールデンウイークなどには3時間待ちの状況になります。


ＴＡＭ ＴＡＭのホットケーキは「代替性」がありません。ここでしか食べることができない。だから、並んででも食べたいのです。

石釜オーブンで焼くので、表面はこんがり焼け、まるで焼きたてのパンのように見えます。その表面にカリッとナイフを入れると、蒸気がふわりと上がり、黄金色をしたスポンジが現れます。

添えてあるのは、バターと生クリームとメープルシロップ。陶然とする美味しさです。

世界広しといえども、こんなホットケーキを食べることができるの

TAM TAMの石窯

は、このお店だけです。

シンプルすぎて、新しいものなど生まれてこないように思うホットケーキでも、まったく新しい価値を生み出すことができることを、ＴＡＭ ＴＡＭは教えてくれています。

イノベーションこそ、究極の差別化なのです。

▼イノベーションは偶然から生まれる

「石釜でホットケーキを焼く」という斬新な発想は、どのようにして生まれたのでしょう?

じつは、それは「偶然の産物」だったのです。

店舗の建て替えをする際、店主の田村信之さんは近所にある全国的に有名な喫茶店さぼうるのオーナーさんから、こう助言されました。

「これからは新しいものを出していかないとダメだよ」

「普通の喫茶店のままではうまくいかない」と思った田村さんは、いろいろな人に相談し、新しいお店に石釜を導入することを決めました。

とはいえ、最初はホットケーキを焼くつもりではなく、「トーストを石釜で焼こう」と考えていたのです。

開店まで試行錯誤しながら石釜と格闘しているうちに、「石釜でホットケーキを焼いたらどうなるんだろう？」と思いつきました。

そして、実際にやってみたところ、これまでにはない見た目、焼き上がりのホットケーキが出来上がったのです。

「外はカリカリ、中はサクッとジューシー」という唯一無二のホットケーキは偶然の思いつきから誕生したのです。

▼挑戦しなければ、偶然は生まれない

これまでに生み出されたイノベーションの多くは、予想もしていないまったくの偶然から生まれています。

これを「セレンディピティ」（偶然の幸運）と呼びます。

ノーベル賞を受賞するような偉大な科学者たちも、異口同音に「偶然の幸運」を語って

います。

しかし、何もせず、ただじっとしているだけでは、偶然は訪れません。

「偶然の幸運」を手に入れるためには、新しいことに果敢に挑戦することが不可欠です。新たなものを生み出そうと挑戦し、何度も失敗し、それでもめげずに試行錯誤を繰り返す。そうした粘り強い努力があってこそ、予期せぬ偶然は微笑むのです。

田村さんはお店を改装する際、「家庭では食べることができないホットケーキをめざそう」と考えていました。

その思いと行動が石釜と結びつき、「ホットケーキのイノベーション」は生まれたのです。

現場力の視点 ヒント4 真の差別化を生み出すには、試行錯誤が不可欠である

▼「めちゃめちゃ」が大切

ビジネスとは価値を生み出すことです。その価値に対してお客さまは対価を支払います。

しかし、どこでも手に入るありきたりの価値では、お客さまを引きつけ、引きとめるこ

とはできません。

だから、ビジネスで成功するには、差別化にこだわりつづけなければなりません。

「美味しい」にしても「美しい」にしても、「そこそこ美味しい」「そこそこ美しい」では、やがてお客さまは、ほかに逃げてしまいます。

本物の差別化を実現し、長く繁盛するためには、カフェ香咲の岩根さんが指摘する「めちゃめちゃ」がとても大切なのです。

「めちゃめちゃ美味しい」「めちゃめちゃ美しい」「めちゃめちゃ安い」……。

「めちゃめちゃ」こそが、真の差別化のキーワードなのです。

天然資源に恵まれない小さな島国にある日本企業が、世界と伍してやってこれたのは、「めちゃめちゃ」にこだわってきたからです。

しかし、最近の日本企業を見ると、「そこそこ」「ほどほど」で妥協してしまっている会社を数多く見受けます。それでは世界をアッと驚かせるような差別化を生み出すことはできません。

外からは見えませんが、ホットケーキの繁盛店は「めちゃめちゃ」を生み出すために、試行錯誤を繰り返し、真の差別化を実現することに成功しているのです。

▼基礎を身につける

繁盛店のホットケーキは、普通のホットケーキとはひと味もふた味も違います。その味を生み出すために、食の基礎をしっかりと学び、味やつくり方を研究しています。

日本の製菓学校を卒業し、イタリアの料理学校でも学んだカフェ香咲の岩根さんは、こう指摘します。

「つくり方はもちろん、入れているものの目利きも、お菓子の基礎を学んだ人がつくると、まったく違ったものになります」

カフェ香咲のホットケーキは、生地にカルピスバターを混ぜ込み、添えているホイップクリームも乳脂肪分47％の非常に濃いものを使っています。

カルピスバターはカルピスをつくる工程でできる脂肪分からつくるバターで、大量生産ができないため、「幻のバター」とも呼ばれています。

「めちゃめちゃ」を生み出すためには、プロとしての知識と技と経験が欠かせません。

▼現場力が「めちゃめちゃ」を生み出す

しかし、いくら基礎を身につけても、それだけでは差別化されたホットケーキは生み出せません。

逆に、知識を身につけると、学んだ知識に縛られてしまい、自由な発想ができなくなる恐れもあります。

オリジナリティ溢れるものを生み出そうとするのであれば、現場で試行錯誤しながら、自らのアイデアを形にする粘り強い努力が不可欠です。

外国人が驚くほどの「めちゃめちゃ美しい」ホットケーキを提供するピノキオの塩谷さんは、「理想のホットケーキを完成させるまでに7〜8年かかった」と教えてくれました。

塩谷さんは「家ではつくれないような丸くて厚いホットケーキを出そう」と決めてから、お店の銅板の前に立ちつづけました。

どうすれば膨らむのか、どうしたらもっちりするのか、どうしたらきれいに焼けるのか……。

世界を魅了するピノキオのホットケーキは、山ほどの失敗の果てに生まれたのです。塩谷さんはこう語っています。

「日によって生地のコンディションは変わるので、単純に分量を数値化できない。自分の感覚で『ここだ！』と思う固さで止める。たった1滴の違いで、出来栄えがまったく変わってくる」

まさに現場で培った勘とコツ。

日本のものづくり企業が大切にしてきたものが、ホットケーキのお店でも息づいているのです。

マーケティングの視点
ヒント 5

お客さまの声は神の声

▼お客さまに育ててもらった

繁盛店の店主の皆さんにお話を伺うと、お客さまへの感謝の言葉を必ず口にします。

――ここまでやってこれたのはお客さまのおかげ。

――お客さまに育ててもらった。

ＳＮＳ効果で日本全国、海外からもお客さまが来るようになっても、週に何日も通ってくれる地元の固定客がいなければ、安定した経営はできません。

地元の人たちとの触れ合い、交流も、個人経営のお店ならではのものです。

ピノキオの取材の際、炎天下、店の外で子どもたちが遊んでいました。ひとりの男の子が「のど渇いた」と言いながら入ってきました。塩谷さんの奥さまは「お水ください、でしょ」とやさしく注意し、コップ1杯の水を差し出しました。じつにほのぼのとした光景です。

稲田堤の珈琲家では、常連さんが犬の散歩のときに必ずお店を訪ねてきます。

お店の外でじっと待っているワンちゃんに奥さまが小さなホットケーキを持っていき、ワンちゃんは美味しそうに食べていました。

珈琲家ではタロット占いをしている地元の人のためにスペースを提供したり、地元の老人ホームでコーヒーの淹れ方講座を開く活動など

「聖地」でありながら
地元を大事にするピノキオ

をしています。

地元に根付き、地元の人たちと交流することで、地元になくてはならないお店になっているのです。

▼お客さまの要望で生まれたホットケーキ

お客さまとの結びつきは、経営にも活かされています。

たとえば、ピノキオのホットケーキが生まれたきっかけは、小学3年生の女の子の「マスター、ホットケーキつくれる？」のひとことでした。

そのひとことがきっかけとなり、世界中の人たちが求めるホットケーキが誕生しました。その少女はいまではニューヨークに住み、帰国するたびにピノキオに立ち寄ってくれるそうです。

カフェ香咲のホットケーキも、アルバイトのまかない用に出したものを見た常連さんが「あれ美味しそうだね」とつぶやいたことがきっかけで、メニューに加わることになりました。

鶴見のリラのホットケーキも、お客さまの要望で始まりました。ホイップクリームなどのトッピングも、お客さまのリクエストです。

川崎の珈琲苑はモーニングセットでホットケーキが食べられる数少ないお店のひとつです。これも若い女性客の「朝からホットケーキが食べられたらいいのに」という要望で始まりました。

繁盛店にとって、お客さまは「お金を落としてくれる」だけの対象ではありません。お客さまの声の中に、さまざまなヒントが隠されている。

まさに、お客さまの声は「神の声」なのです。

▼お客さまに自分の気持ちを伝える

お客さまを大切にする。それを否定するお店はないでしょう。

しかし、その気持ちが本当にお客さまに届いているでしょうか。

たとえ気持ちがあっても、それが伝わっていなければないのと同じです。ルポーゼすぎの小林常夫さんが、お客さまとのコミュニケーションの難しさ、大切さを教えてくれました。

若かりしころ、小林さんは中野にあるとらやの喫茶室でドアボーイとして働いていました。

あるとき、先輩に「お前はあいさつができていない」と叱られました。

自分ではちゃんとあいさつしているつもりでしたが、先輩はどこが悪いかは教えてくれません。

小林さんは一晩中悩み、考えました。

そして、翌日、ドアを開ける際に、深々とお辞儀をしてみたところ、お客さまからあいさつが返ってきたのです。

——言葉だけではダメだ。心を込めた振る舞いがあれば、お客さまに必ず伝わる！

そのことに気づいた小林さんは、その日から仕事に取り組む意識が大きく変わったそうです。小林さんはこう語ります。

「商売とは、自分の気持ちをいかに伝えるかということに尽きると思います」

いくら感謝の気持ちを持っていても、それが相手に伝わらなければ意味がありません。

そして、気持ちが伝わったお客さまが、やがてお店のファンになってくれるのです。

マーケティングの視点
ヒント 6 損して得取れ

▼「値ごろ感」を大切に

手間がかかるわりには、ホットケーキの値段はけっして高くありません。平均すると2枚組で600円程度でしょうか。

シンプルで、庶民の食べ物というイメージが定着しているので、値段を上げることは簡単ではありません。

シビタスの黒川さんは、こう本音を漏らしていました。

「蒲田は物価が安い街なので、値上げがなかなかできないんですよ」

サンシャインの橋﨑さんもこう指摘します。

「価格は、ちょっと上げるとお客さんがすぐ反応するので、怖くて上げられない」

価格には「地域格差」というものが存在します。同じ価値のものでも、地域ごとの所得水準や物価水準によって、「売れる価格」には違いが出ます。

つまり、「値ごろ感」というのは、地域によって異なります。

万惣直系のホットケーキが530円で食べられるというのは、私にとっては奇跡的なことですが、蒲田には「蒲田プライス」があるのです。

なかには、ワンコイン（500円）以下で食べることができるすごいお店もあります。

武蔵小山の珈琲さいとう は430円、春日の珈琲庵は480円。どちらも2枚組でこの値段。手づくりのホットスイーツがこの値段で食べられるというのは、幸せというしかありません。

元町サントスは、以前「セット」価格がなく、単品プラス飲み物だと1000円近くしていました。

そこで飲み物付き700円のセット価格を設定したところ、客数も増え、客層も広がりました。

サンシャインでは、ホットケーキは飲み物付きの「セット」のみ。関西では、「セット」による「お得感」が支持されるようです。

大きさによる「お得感」

「価格の地域格差」と同様に、「大きさの地域格差」というのもあるようです。それを教えてくれたのは、川崎の珈琲苑のオーナーである山﨑喜子さん。

珈琲苑はホットケーキだけでなく、チーズケーキやアップルパイなどのケーキ類が充実しています。すべて自家製です。

ただし、当初はあまり売れなかったそうです。

「なぜ売れないんだろう?」と思案しているときに、あるお客さまの指摘にハッとしました。

「川崎では大きなものが好まれる。大きくしないと売れないよ」

山﨑さんは以前、横浜元町で紅茶専門店をやっていました。当時は小さ

珈琲苑の銅板

くてかわいらしいケーキを出し、よく売れていました。

川崎でもそのままの大きさで出していたのですが、川崎の人たちには支持されなかったのです。

そこで、大きさを変えてみたところ、驚くほどよく出るようになりました。価格は変えなくても、大きさを変えることによって、「お得感」が増したのです。

潜在的な需要を掘り起こし、市場を広げるためには、「値ごろ感」「お得感」はとても大事な要素です。

繁盛店は、お客さまのふところ事情をよく知り、上手に財布のひもを緩める術を知っているのです。

▼まずはプロの味を知ってもらう

値段を上げることが簡単ではないとすると、それなりの数をこなさなければ、元がとれません。

繁盛店はそれぞれの工夫をして、ホットケーキを「看板商品」にまで高め、数を増やすことに成功しています。

その成功例のひとつが、ルポーゼすぎの「サービスデー」です。毎月5のつく日（5日、15日、25日）に、飲み物と一緒に注文の人に限り、プレーンホットケーキを150円で提供しています。

通常は600円なので、破格の値段。毎回、行列ができるほどの人気ぶりです。これまでの最高記録は1日に300食。普段でも50食は出る人気メニューですが、じつにその6倍。

めちゃめちゃ美味しいホットケーキが、めちゃめちゃ安い値段で食べられる。これも「価値の複合化」のひとつと言えます。

最初は月に1回だけでしたが、「月に1回だけだと来たくても来られない」というお客さまの要望で、月3回に増やしました。

まさに大盤振る舞いですが、経営的に見れば、これはじつに合理的な価格戦略と言えます。

ホットケーキのことを「家でつくって食べるもの」と思っている人たちでも、「150円なら食べてみようかな」と思います。

半額程度の値引きであれば、ここまでの行列はできなかったでしょう。誰もが「安い！」と感じる4分の1にしたからこそ、そのインパクトは絶大でした。

そして、味わってみれば、「やっぱりプロの味は違うな！」と体感します。本物の美味しさを知った人は、「サービスデー」以外の日にも来店し、注文してくれるようになります。ほかのメニューの注文も増えるかもしれません。

一見損しているように見えますが、思い切って値段を下げることで眠っている潜在需要を掘り起こす。

まさに「損して得取れ」の実践と言えます。

▼「1枚からでも注文できる」はお客さま目線のサービス

多くのお店では2枚1セットになっていますが、なかには枚数を1枚から自由に選べるお店もあります。

たとえば、つるばみ舎は1枚だと340円、2枚目以降は1枚増えるごとに280円ずつ値段が上がるシステムになっています。

稲田堤の珈琲家も1枚から注文できます。1枚330円。2枚にすると580円で、80円お得になります。

ホットケーキは手間暇がかかるので、どうせ焼くなら枚数を増やし、一度に焼いたほう

つるばみ舎のメニュー

が効率的です。1枚からの注文を受けるというのは、手間暇ばかりかかり、儲かりそうには見えません。

しかし、ランチ時であれば2枚くらいはペロッと食べられますが、おやつ代わりなどに食べるとなると、ひとりで2枚はちょっとヘビーです。

ダイエット中の人も、1枚であれば抵抗なく注文できるかもしれません。

考えてみれば、2枚1セットというのは「供給者の論理」です。

「手間暇がかかって面倒だから、2枚からしか受け付けない」というお店の理屈をお客さまに押しつけているとも言えます。

「1枚からでもOK」というのは、ハードルを下げ、気楽にホットケーキを楽しんでもらいたいというお客さま目線のサービスなのです。

森下の小野珈琲は、土日・祝日にはひとり1枚しか提供しません。通常は2枚1セットなのですが、休日はホットケーキを注文するお客さまが多く、長時間待たせてしまうので、1枚に限定しているそうです。

これも別の意味でお客さま目線と言えます。

マーケティングの視点―ヒント

7 口コミは最高のマーケティング

▼お客さまは世界中にいる

ホットケーキの繁盛店の客層は、次の3つに大別することができます。

・地元客（地元で通いつづけてくれる常連客）
・ホットケーキ目当ての全国客（評判のホットケーキを求めるスイーツ好き）
・ホットケーキ目当ての外国人客

お店によってその比率は異なりますが、地元に根付き、地元の人たちに愛されているお店は、安定したお客さま基盤を確立しています。

経営的に考えれば、地元客だけで採算がとれることが理想です。ホットケーキ目当ての全国客、外国人客はどれほど来店するのか予測することが難しいですし、波も大きくなりがちです。

一方、安定した地元客で損益分岐ラインを超えることができれば、追加的なお客さまは利益の増大に直結します。

ありがたいことに、いま日本を訪れる外国人客は年々増加し、2018年は約3100万人。対前年8・7％も増えています。

これまでは、こうした外国人客の増加は、個人経営の小さなお店には無縁でした。しかし、日本を訪れるリピーターが増え、お仕着せの旅行ではなく、「日本ならではのもの」を楽しもうとする人たちが増えています。

日本ならではの繊細な美味しさ、そして見たこともないような造形美を備えたホットケーキもそのひとつです。

スマート珈琲店のお客さまの構成は、地元の常連客と観光客が半々ずつ。さらに、観光客の半数、つまり全体の25％は海外からのお客さまです。

スマート珈琲店は京都の繁華街にあるお店なので納得ですが、ピノキオでもお客さまの10～20％が外国人客。板橋の大山まであの美しいホットケーキを求めて、世界中から人が来るのです。

ニットでも毎日一組は外国人客が来店します。

あるときは、台湾の団体客17人が来店し、ホットケーキを食べて満足そうに帰っていったそうです。

大田区が民泊の特区（特区民泊）になったことも影響し、蒲田のシビタスでも外国人客が増えています。ここのホットケーキが気に入り、滞在中何度も足を運ぶリピーターもいます。

真に差別化されているものに、国境はありません。

日本のホットケーキを求めるお客さまは、世界中にいるのです。

お客さまが勝手に宣伝してくれる

地元客だけで成り立っていた個人経営のお店に、日本全国、さらには海外からお客さまが押し寄せる。

そうした新たな流れが生まれている背景には、間違いなくＳＮＳの存在があります。

ピノキオの丸くて厚いホットケーキは、瞬く間にスイーツ好きの間で拡散し、多くの人が訪れる「聖地」になりました。

じつは、塩谷さんご夫婦はスマホを利用していません。

自分たちの知らないところで、自分たちのホットケーキの写真がどんどん拡散しているとはつゆ知らず、なぜか増えつづける来店客のためにせっせとホットケーキの注文に応えていたそうです。

いまではその波は海を越え、世界各国からお客さまが来店します。

タヒチから来たというお客さまは、SNSではなく、飛行機の機内誌で見たとのこと。ご夫婦の知らない間に、海外の雑誌で取り上げられていたのです。

関西の繁盛店は、どこもアジア系観光客でにぎわっています。

ゴトーのスタイリッシュな店内

元町サントスは知らぬ間に台湾のガイドブックにホットケーキが写真付きで紹介されていました。それ以来、台湾からのお客さまが増えているそうです。

少し前までは、どんなに魅力的なものをつくっていても、小さなお店が大々的に海外で宣伝するなどということは不可能でした。

しかし、いまではお客さまが勝手に宣伝してくれるのです。

ゴトーの店主である後藤浩一さんは、感慨深げにこう教えてくれました。

「商品を一つひとつ丁寧に提供すれば、お客さまが勝手に宣伝してくれる。個人経営のお店には本当にいい時代になりました」

もちろん、こうした流れはいいことばかりではありません。なかには否定的なコメントが拡散することもありえます。SNSというのは、両刃の剣にもなりえます。

しかし、知ってもらう手段が飛躍的に増えたことは、小さなお店にとっては間違いなく朗報です。

真に差別化された本物であれば、その情報は必ず広がっていくのです。

マーケティングの視点――ヒント8 立地の価値は「変数」である

▼立地は大事だが、絶対ではない

言うまでもなく、飲食店にとって立地はとても重要です。

急行が止まるような大きな駅の近くや人が集まる繁華街は、理想的な立地だと誰しも思うでしょう。

しかし、私が訪ねたホットケーキの名店の多くは、各駅停車しか止まらないような比較的小さな駅のそばにありました。

もちろん賃料が安いことが大きな要因であることは明白です。小さな個人経営のお店で、高い賃料を負担することは容易なことではありません。

しかし、各駅停車しか止まらない駅だから経営が成り立たないかといえば、けっしてそんなことはありません。

都内を中心にスーパーマーケットを営むオオゼキは、各駅停車しか止まらない駅を中心に出店し、成功していることで知られています。

大手のスーパーマーケットがこぞって急行が止まる大きな駅の近くに出店するのに対し、オオゼキの出店戦略はその真逆をいっています。

乗降客は多いけれど、競争が激しく、賃料が高い急行停車駅を意図的に避け、各駅停車しか止まらないけど、比較的競争がゆるく、賃料が安い立地を戦略的に選択しているのです。実際、オオゼキは全国に出店している大手スーパーをはるかに凌ぐ収益力を誇っています。

立地がよければ必ず成功するわけではありません。同様に、立地が劣っていても、ビジネスとして成功することは可能です。

つまり、立地の価値は固定ではないのです。

立地の価値を「変数」としてとらえ、どうしたらそれを高めることができるのか。

そこにビジネスの醍醐味があるとも言えます。

▼通行人はお客さまではない

立地というものの難しさと面白さを教えてくれるのが、祖師ヶ谷大蔵の黒田珈琲です。

黒田珈琲は1988年（昭和63年）に開業。30年を超える歴史をもつお店です。

しかし、黒田珈琲がある小田急線の祖師ヶ谷大蔵は、飲食チェーン店の間では「鬼門」と呼ばれるほど難しい場所なのです。

大手チェーンのお店が次々に出店しては、撤退を繰り返しています。

黒田珈琲の目の前にあったドトールは、開店12年で撤退。

それ以外にも、サブウェイやモスバーガー、サンマルク、シャノアールなど、ことごとくダメだったそうです。

そして、なんとあのマクドナルドまで撤退してしまいました。しかも、撤退第1号店。

祖師ヶ谷大蔵駅の平均乗降客数は、約4万8000人。

急行や準急が止まる成城学園前（8万9000人）や経堂（7万8000人）には及びませんが、狛江（4万7000人）や喜多見（3万4000人）を上回る人数です。

山手線でいえば、駒込（4万9000人）、新大久保（4万8000人）、田端（4万7000人）並みで、目白（3万8000人）を上回っています。

にもかかわらず、マクドナルドまで撤退するとはどういうことなのでしょう。

店主の黒田康裕さんが、こう教えてくれました。

「人通りは多いけど、たんに通過する人たちが多い。たんなる通行人を消費者と見誤って、失敗しているのだと思う」

人通りが多いから、繁盛するわけではありません。

目の前を通り過ぎる人たちをお客さまに変えることができるかどうか。そして、ファンにできるかどうか。

それぞれのお店の力量が試されているのです。

黒田珈琲はさまざまな努力を積み重ね、地元の人たちから絶大な支持を得ています。自家焙煎のコーヒーや人気のサンドイッチ、そして手づくりのホットケーキも人気メニュー

［図2］通行人をファンに「変換」させる

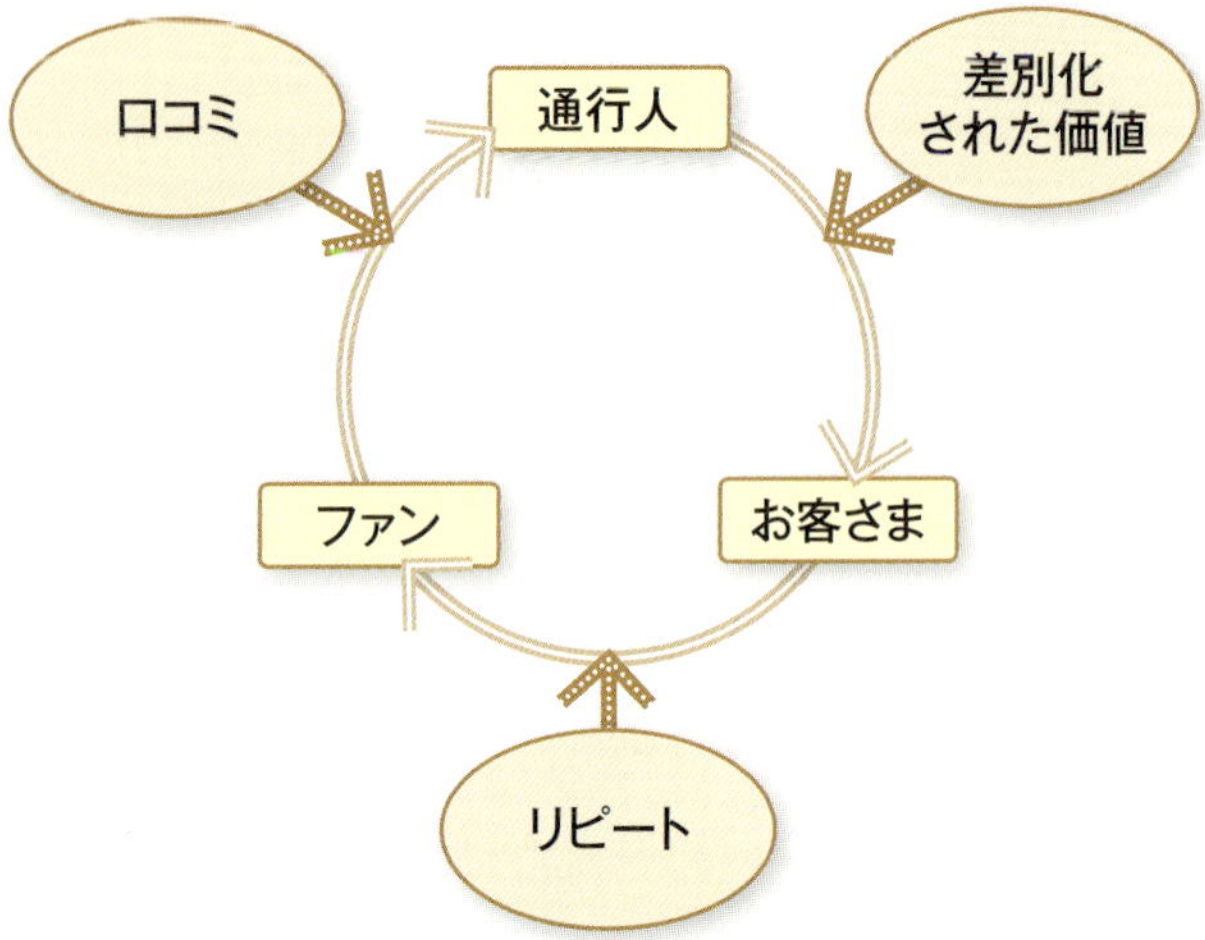

のひとつです。

さらには、読書会を開くなど、地元に溶け込む地道な活動を行っています。

地元との結びつきこそが、たんなる通行人をお客さまに、そしてファンに変えるのです（図2）。

▼「見つけてもらう」マーケティング

奥浅草の喫茶ミモザを訪ねるためにぶらぶら歩いていると、私の目の前をスマホ片手の女性が歩いていました。スマホの地図を頼りに、立ち止まったり、きょろきょろしています。

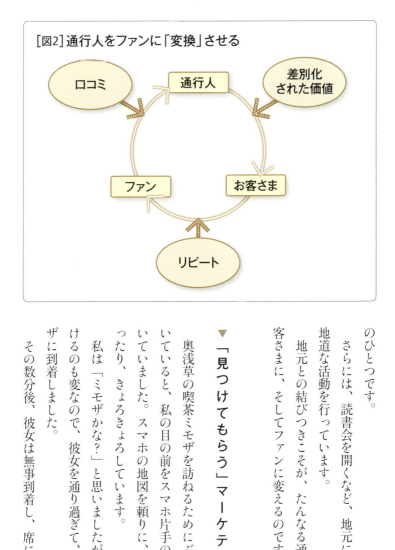

私は「ミモザかな？」と思いましたが、声をかけるのも変なので、彼女を通り過ぎて、先にミモザに到着しました。

その数分後、彼女は無事到着し、席に座るやいなや「ホットケーキ、くださいー!」と注文しました。

インターネットを駆使したウェブ・マーケティングの分野で、近年さかんに取り上げられているのが「Ｇｅｔ Ｆｏｕｎｄ Ｍａｒｋｅｔｉｎｇ」（ＧＦＭ）です。

「Ｇｅｔ Ｆｏｕｎｄ」とは「見つけてもらう」という意味。

つまり、会社側から働きかけてお客さまに知ってもらうのではなく、お客さまの側からさまざまなメディアにアクセスし、「見つけてもらうマーケティング」のことです。

マーケティングは、「プッシュ型マーケティング」と「プル型マーケティング」の２種類に大別できます。

1 プッシュ型マーケティング

「プッシュ型マーケティング」とは企業の側から顧客に積極的にアプローチし、情報提供や提案などを行い、需要を喚起するやり方のことです。

訪問セールスやダイレクトメール（ＤＭ）などが具体例として挙げられます。

2 プル型マーケティング

一方、「プル型マーケティング」とは顧客の側からアプローチさせ、それをきっかけに情報提供や提案をするやり方のことです。

インターネットを利用したウェブ・マーケティングはその典型例と言えます。

GFMは、後者の「プル型マーケティング」のひとつと言えますが、従来型のプル型マーケティングと異なるのは、そこに「ゲーム感覚」が備わっていることです。「お店を探す」という行為自体が、お客さまにとって「宝探し」という経験価値であり、楽しみのひとつにもなりえます。

立地が悪いからこそ、ゲーム感覚は高まります。高い賃料を払えない中小企業や自営業にとっては、とても効果的なマーケティングなのです。

ミモザは浅草駅から歩くと20分近くかかります。

飲食店としてはけっして好立地とは言えませんが、見方を変えれば、知らない街や商店街をさまよい歩くというのは、ワクワクする体験でもあります。

代替性のない真に差別化されたものを提供すれば、お客さまは自ら探して来る時代です。「立地が悪いから売れない」のではなく、「差別化されていないから売れない」と考えることが大切なのです。

経営理念の視点―ヒント 9

お客さま目線を忘れずに、進化を止めない

▼守るためには、攻める

ホットケーキの繁盛店は、基本の味にこだわる一方で、新たなことに果敢に挑戦し、自ら変化をつくり出そうとしています。

伝統を守りながら、革新を生み出す。守るためには、攻める。そのバランスが絶妙です。たとえば、つるばみ舎で人気なのが、土日祝日限定で出している「フレンチホットケーキ」。ホットケーキをフレンチトースト風に仕立てたもので、限定20食がすぐ売り切れてしまいます。

また、以前バターが品薄状態のときに考案したのが、バターミルクを加えたパンケーキ。ホットケーキの生地にバターミルクを加え、ふわっと柔らかく仕上げています。ひと口サイズ7枚にフルーツと生クリームを添え、「フルーツミニパンケーキ」として好評です。

つるばみ舎は万惣フルーツパーラーの伝統を引き継ぐお店です。

店主の冬木透さんは「万惣のころと違うのは牛乳だけ」と、かたくなに「万惣のホット

ケーキの味」を残そうとしています。

しかし、「昔ながらの味にこだわる」ことと「新しいことはやらない」は同じことではありません。

お客さまは日々変化し、求めるものも変わっていきます。

その変化に柔軟に合わせながら、その一方で「変えないものは変えない」という頑固さを保たなければなりません。

頑固一徹と柔軟性は、じつは表裏一体のものなのです。

▼お客さまが喜ぶものを

渋谷西村フルーツパーラーの3代目である西村元孝さんが教えてくれた「昔ながらの味に甘んじるな」という「西村の掟」には、老舗ながらの矜持が込められています。

明治43年の創業以来、西村が愛されつづけている理由は、変わりつづけてきたことにあるのです。

実際、メニューはフルーツのシーズンに合わせ、年7回入れ替えています。季節のパフェのレシピも毎年変えているそうです。

渋谷西村フルーツパーラーの
ふわふわリコッタパンケーキ

昭和世代なら、「ピーチメルバ」という食べ物を覚えている人も多いでしょう。エスコフィエという有名な料理人が考案したデザートで、バニラアイスの上にシロップ漬けした桃をトッピングしたもの。その昔、日本のみならず全世界で大流行しました。しかし、そのピーチメルバも、いまは西村のメニューにはありません。昔人気があったからという理由だけで残るわけではないのです。

西村の「掟」に込められているのは、「お客さまが喜ぶものを」という思いです。お客さまに喜んでいただけるものは何かを常に考える。お客さま起点の発想が、西村を支えています。

その中で、ホットケーキは昔から残る数少ないメニューのひとつです。

その理由は、お客さまの根強いリクエストがあるから。「変える」のも「変えない」のも、その起点はすべてお客さまなのです。

ホットケーキの味を変えずに残す一方で、新たなメニューにも挑戦しています。

それが3年前からスタートした「ふわふわリコッタパンケーキ」です。

生地にリコッタチーズを練り込み、焼き上げた逸品は、若い世代を中心に人気だそうです。

繁盛店はお客さま目線をけっして忘れません。

そして、新たなことに果敢に挑戦し、進化を止めることがありません。

経営理念の視点—ヒント 10 本気で向き合い、心血を注ぐ

▼商売の基本を忠実に守る

ホットケーキの繁盛店を訪ね歩いて、ひとつ気がついたことがあります。

それは、従業員教育がとてもしっかりしていることです。

ホットケーキやほかの食べ物がいくら美味しくても、従業員の人たちの対応が悪ければ、がっかりしてしまいます。

ルポーゼすぎの小林さんは、こう言います。

「私も聞いた話ですが、世の中で一番ケチな商人は、金のかからないサービスを怠る人だそうです。『いらっしゃいませ』のひとことが、『ありがとうございました』のひとことが言えない商人がたくさんいます」

ビジネスにおいては、基本の徹底が必要不可欠です。

当たり前のことが当たり前のようにできなくては、お客さまに支持されるはずもありません。

飲食業においては、「いらっしゃいませ」「ありがとうございました」は、「基本のキ」です。しかし、その基本ができていない残念なお店が、世の中にはいくらでもあります。

「美味しい」「美しい」「楽しい」などの価値を生み出すことは大事なことですが、その大前提として「気持ちがいい」がなくてはなりません。

「あのお店は気持ちがいいお店だね」とお客さまに思われることなくして、差別化など夢のまた夢なのです。

▼働く人たちを大切にする

ホットケーキの繁盛店は、従業員の人たちをとても大切にしています。

イワタコーヒー店では、17人の従業員が働いていますが、そのうちなんと15人が正社員。85歳や75歳のシルバースタッフが、正社員として元気に活躍しています。15歳からずっとケーキづくりをしているおじいちゃんもいます。

3代目として後を継いだ岩田亜里紗さんは、社会保険への加入、有給休暇が消化できる制度設計など、働きやすい環境づくりに力を入れています。

その根っこには、「良き中小企業でありたい」という思いがあります。

また、繁盛店は、アルバイトを戦力化することに成功しています。

シビタスの黒川さんは、少し誇らしげにこう話してくれました。

「平日は4人で回していますが、チームワークがいいからできること。このメンバーでないと成立しません。お客さんがたくさん来て、混み出すとみんなノッてきます」

Ｆｒｕ‐Ｆｕｌｌでは、アルバイトのスタッフが、フルーツパフェを頼んだお客さまに、フルーツ一つひとつの産地と特色を丁寧に説明していました。

そのサービスがあるだけで、味わいは間違いなく深まります。

サービス業では「真実の瞬間」という言葉がよく使われます。サービスを提供するその「瞬間」こそが、お客さまがファンになるか、二度と来ないかの分岐点になるという意味です。

だからこそ、サービスを提供するスタッフ一人ひとりのマインドと対応能力を向上させることが、ビジネスの成否を決めるのです。

大企業であれ、小さなお店であれ、人が財産であることに変わりはありません。

▼たかがホットケーキ、されどホットケーキ

取材でルポーゼすぎを訪ねたあと、店主の小林常夫さんから自筆のお手紙をいただきました。便せん4枚の手紙には、小林さんの人柄とホットケーキに対する愛情が充ち溢れていました。

1953年（昭和28年）、小林さんは郷里の新潟から、敗戦の傷跡残る東京に働きに出てきました。丁稚奉公として働きはじめた小林さんは、当時の心境をこう綴っています。

ルポーゼすぎ小林さんからいただいたお手紙

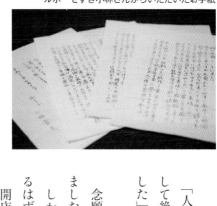

「人一倍不器用な私は、人の二倍働いて人と同じなら、三倍、四倍努力して絶対に人の上に立ってみせると心に決め、早朝から夜遅くまで働きました」

念願かなって、45年前、小林さんは小さな喫茶店を開店することができました。

しかし、商店街の人たちからは、「こんな悪い場所で喫茶店なんてやれるはずがない」と陰口を言われたそうです。

開店当初は繁盛しましたが、近くに別のお店ができ、お客さまはそれまでの十分の一に激減してしまいました。

小林さんは、一家心中まで考えたそうです。

どん底にあった小林さんは、一念発起。「自分のお店に来なければ食べられないものを出そう」と、ホットケーキを思いつきました。

何度も何度も試行錯誤を繰り返し、やがてみんなから「美味しい！」と言われるホットケーキが出来上がりました。

それ以降、お客さまは増えつづけました。小林さんはこう教えてくれました。

「ホットケーキが人生を変えてくれました。人生のすべてでした」

たかがホットケーキ、されどホットケーキ！

ホットケーキという一見ありふれた食べ物には、人の人生を変える大きな力が潜んでいるのです。

▼「ホットケーキの神さま」が舞い降りる

最初は、ただたんに「美味しいホットケーキが食べたい」という気持ちだけで、街場の珈琲店やフルーツパーラーを訪ね歩いていました。

でも、その途中からホットケーキをつくる人たちに大きな興味をもつようになりました。

――この人たちはどうしてこんなにホットケーキに情熱を燃やしているのだろう？

そして、私にビジネスで最も大事なことに気づかせてくれました。

いや、もしかしたら人が生きていくうえで最も大事なことかもしれません。

それは、「本気で向き合い、心血を注ぐ」ことの大切さです。

繁盛店の店主のみなさんは、ホットケーキという一見何の変哲もないありふれた食べ物に、自分の人生を賭け、毎日毎日、真正面から向き合っています。

だからこそ、何十年もの間、お客さまに支持されつづけるホットケーキをつくることができているのです。

世の中では、新しいものばかりがもてはやされる風潮が高まっています。昔からあるもの、ありふれたものは時代遅れで、価値が低いと見下すことさえあります。

しかし、新しいからありふれていない、古いからありふれているという短絡的な見方は、ナンセンスであり、歪んでいます。

ありふれているかどうかを決めるのは、自分自身です。

周りの人たちが「ありふれている」と思っていても、自分が「ありふれていない」ものにすればいいのです。

繁盛店でホットケーキをつくる人たちは、毎日毎日熱い銅板や鉄板の前に立ち、どうすれば美味しいホットケーキをつくれるのか、どうすればお客さまに喜んでもらえるのか、ただそれだけをひたすら考えています。

そして、その努力の果てに、「ホットケーキの神さま」が舞い降りてきて、誰も真似ができない特別なホットケーキが生まれています。

時代を超えて、みんなを幸せにするホットケーキ。

そこには「ホットケーキの神さま」が宿っているのです。

エピローグ

豊かさっていったいなんでしょう？

▼「思い出」を食べる

私がホットケーキのお店を訪ね歩くようになったのは２０１３年（平成25年）ごろのこと。それほど昔のことではありません。

それまでたまに食べに出かけていた万惣フルーツパーラーが閉店したのが２０１２年。それ以来、いつの間にかホットケーキの美味しいお店を探すようになりました。

スイーツ好きでもない私が、なぜそんなことを始めたのか？

正直、自分でもよくわかりませんでした。

この本の取材で、つるばみ舎の店主である冬木透さんからうかがった言葉に、ヒントがありました。

「ホットケーキという食べ物は、心の底の温かいものとリンクしているように思います。小さいお子さんが歳を重ねたとき、『昔、ここによく来たんだよ』と言ってくれるようなお店、世代を超えてそんな思い出を共有できるお店にしたいと思っています」

私にとってハッとするような言葉でした。

——そうか、私は万惣に昔の「思い出」を食べに行っていたんだ!

万惣は、幼い私が父や弟と一緒に出かけた「思い出の場所」。そして、ホットケーキはその記憶を蘇らせてくれる「思い出の食べ物」。

その万惣が忽然と消えてしまい、ショックを受けた私は、それに代わるものを探し求めていたのでしょう。

「お腹を充たす」だけなら、ホットケーキなんて食べ物は消え行く運命なのかもしれません。

でも、ホットケーキは「心を充たす」食べ物でもあるのです。

私は、自分自身がホットケーキに惹かれる本当の理由が見つかったような気がしました。

▼時代がホットケーキを求めている

日本という国は、とても便利な国になりました。

人口減少、高齢化、格差社会などさまざまな問題を抱えてはいますが、少なくとも大都市に住めば、24時間オープンしているお店はいくらでもあるし、そこそこの商品やサービスを手ごろな値段で手に入れることができます。

豊かさを「利便性」「均一性」という尺度で測るのであれば、間違いなく「豊か」になっているのかもしれません。

しかし、「それって本当?」と疑う自分がいるのも確かです。

どの駅で降りても、その駅前にひしめくのはチェーン店ばかり。

たしかに便利にはなったし、大きな不満はないけど、どこか心が空虚なのです。

画一化、均一化ばかりが進めば、世の中はじつに味気ないものになってしまいます。目先の経済合理性だけを追求すれば、そんな社会になるのはやむをえないことです。

手づくりのホットケーキを提供するお店は、ある意味で「変なお店」です。

あんなに面倒くさいものを、あんなに安い値段で提供するなんて、経済合理性というものさしだけで測ったのでは、間尺に合いそうもありません。

でも、合理性一辺倒、経済性一辺倒になりつつある世の中だからこそ、どこかぬくもりを感じるホットケーキを求める人が増えているともいえます。

80年以上続く京都の老舗喫茶店・スマート珈琲店の3代目、元木章さんは、「元木さんにとってホットケーキって何ですか?」という質問にこう答えてくれました。

「証みたいなもの。お客さまに昔と変わらず美味しいな、変わっていないなと思っていただいた証。それが続いて歴史になるのだと思います」

いつの間にか味気なくなってしまったいまの時代が、ホットケーキという食べ物を求めているのかもしれません。

▼デジタルはアナログを増幅させる

世の中はデジタル社会、デジタル経済が進行しています。それはそれで止めようがありません。

しかし、デジタル化が進めば進むほど、人間はアナログを求めます。デジタルでは代替できないものの価値がますます高まっていきます。

そして、面白いことに、デジタルはアナログの価値を増幅させます。

「美味しい」だけでなく「思い出」という価値を生み出すホットケーキという食べ物は、じつは時代の最先端にいるのかもしれません。

とはいえ、個人で営むお店にとっては、目の前に厳しい現実があります。

今回訪ねたお店の中には、後継者がおらず、数年後には閉店せざるをえないお店がいくつもあります。

人手不足で、従業員が採用できず、歳老いた店主夫婦だけではもはや切り盛りできないのです。

残念ですが、やがて消えてしまうお店もあるでしょう。

しかし、悲観的なことばかりではありません。

ホットケーキという素晴らしい食べ物を残そうと、前向きに取り組んでいる若い世代の人たちもいます。

昔ながらの懐かしい味がしぶとく残る一方で、時代にマッチした新しいホットケーキも誕生しています。

個性豊かで、みんなに愛されるホットケーキ。

そんな食べ物がいつまでも残る真に豊かな国であってほしいと願っています。

この奇妙な本を世に出すためには、じつに数多くの人たちにご協力、ご支援いただきました。

まずは、取材や撮影にご協力いただいた31の名店のみなさんに心から感謝申し上げます。美味しいホットケーキをいただくだけでなく、じつに多くのビジネスのヒントを勉強させてもらいました。

私たちの身のまわりには、じつはビジネスで成功するためのヒントがたくさん隠されています。ホットケーキの繁栄店には泥臭いながらも地に足の着いた知恵と創意工夫が詰まっていました。

名店の取材には、小林里絵さん、杉村佳世子さん、古城隆文さん、山下裕子さんに全面的に協力していただきました。忙しい仕事の合い間をぬっての取材はさぞかし大変だったと思いますが、店主や店長さんたちの思いを上手に引き出してくれました。

また、編集を担当していただいた東洋経済新報社の中里有吾さん、取材にも同行いただいた笠間勝久さん、若林千秋さんに心から感謝申し上げます。

「ホットケーキの本を出したい」という無理難題にもかかわらず、いつもながら的確なアドバイスをいただき、前代未聞の本を完成することができました。

　そして、写真撮影をご担当いただいた今祥雄さん、本書のデザイン、装丁をご担当いただいた上田宏志さん、素敵なイラストをお描きいただいた小林マキさんにお礼を申し上げます。3人のプロフェッショナルのおかげで、ホットケーキらしいとてもあたたかい本に仕上げることができました。

　この本が出版されたら、お世話になったみなさんと、美味しいホットケーキを食べながら、シャンパンで乾杯したいと思っています。

2019年4月

遠藤　功

	席数	営業時間	定休日
	約60席	月〜土 8:00〜20:00 日・祝 8:00〜18:00	不定休
	25席	9:30〜16:30	日曜日・月曜日
	35席	月〜土 7:30〜20:30 日・祝 7:30〜19:30	不定休
	15席	12:00〜18:30	火曜日
	24席	11:00〜19:00 （ホットケーキは冬季のみ）	水曜日　※その他の臨時休業あり
	22席	8:00〜17:00	月曜日　※祝日の場合は営業、翌火曜日が振替休日
	20席	9:00〜19:00	日曜日
	約30席	10:00〜17:00	木曜日・金曜日
	約30席	平日 11:00〜21:00（ホットケーキの提供は14:00以降）／土日・祝 10:00〜20:00	不定休
	38席	平日 8:00〜22:00 土日・祝 9:00〜21:00	なし
	20席	平日 11:00〜19:30 土日・祝 11:00〜18:00	月曜日
	30席	平日 11:00〜22:30／土 12:00〜22:30 日・祝 12:00〜21:30	不定休
	30席	平日 11:30〜20:00 土日・祝 11:30〜17:30	月曜日　※祝日の場合は営業
	124席	月〜土 10:30〜23:00／日・祝 10:00〜22:30（ラストオーダーは閉店時間の30分前）	なし
	23席	平日 11:00〜19:00／土日・祝 9:00〜18:00（ホットケーキの提供は11:00以降）	水曜日、第2・第4火曜日
	40席	平日 8:00〜19:30 土日・祝 9:00〜19:30	なし

31のホットケーキ名店情報

	店名	所在地	住所	TEL
01	喫茶ニット	錦糸町	墨田区江東橋4-26-12	03-3631-3884
02	珈琲店ワンモア	平井	江戸川区平井5-22-11	03-3617-0160
03	小野珈琲	森下	江東区森下2-17-5 ソレイユ森下1F	03-3634-0586
04	珈琲 天国	浅草	台東区浅草1-41-9	03-5828-0591
05	フルーツパーラーゴトー	浅草	台東区浅草2-15-4	03-3844-6988
06	喫茶ミモザ	奥浅草	台東区浅草4-38-6	03-3874-2933
07	オンリー	南千住	荒川区南千住5-21-8	03-3807-5955
08	フルーツパーラープチモンド	赤羽	北区赤羽台3-1-18	03-3907-0750
09	自家焙煎珈琲みじんこ	湯島	文京区湯島2-9-10 湯島三組ビル1F	03-6240-1429
10	自家焙煎 珈琲庵	春日	文京区本郷4-25-11	03-5802-4810
11	ホットケーキパーラー Fru-Full	赤坂	港区赤坂2-17-52 パラッツオ赤坂103	03-3583-2425
12	石釜 bake bread 茶房 TAM TAM	神保町	千代田区神田神保町1-9	03-3295-4787
13	カフェ香咲	外苑前	渋谷区神宮前3-41-1	03-3478-4281
14	渋谷西村フルーツパーラー道玄坂店	渋谷	渋谷区宇田川町22-2 2F	03-3476-2002
15	HOTCAKE つるばみ舎	経堂	世田谷区宮坂3-9-4 アルカディア経堂1F東側	03-6413-1487
16	ルポーゼすぎ	八幡山	杉並区上高井戸1-1-11 京王リトナード八幡山1F	03-3306-3288

	席数	営業時間	定休日
	38席	月～土 8:00～20:00 日・祝 9:00～20:00	なし
	40席	8:00～19:00	水曜日
	20席	11:00～18:00	月曜日・火曜日
	46席	9:00～18:00	水曜日
	20席	平日 11:00～16:00／土 11:00～20:00 日・祝 11:00～18:30	月曜日
	50席	10:00～21:00（ホットケーキの ラストオーダーは18:00、なくなり次第終了）	不定休 （東急プラザ蒲田に準じる）
	58席	9:00～21:00	水曜日
	20席	9:00～19:00	木曜日
	33席	月～土 10:00～20:00 日・祝 10:00～19:00	水曜日
	88席	10:00～18:00	火曜日、第2水曜日
	40席	8:00～19:00	なし（ランチのみ火曜日休）
	245席	9:00～23:00／※火は9:00～22:30 （ただし祝日・祝前日は除く）	月3回 木曜不定休
	45席	10:00～19:00	水曜不定休
	38席	平日 7:00～21:30／土 7:00～18:30 日・祝 8:00～18:30	第3日曜日
	45席	8:00～19:00	なし（年末年始のみ）

31のホットケーキ名店情報

	店名	所在地	住所	TEL
17	喫茶 黒田珈琲	祖師ヶ谷大蔵	世田谷区砧6-37-5	03-3415-3063
18	ピノキオ	大山	板橋区大山金井町16-8	03-3974-9336
19	ペドラ ブランカ	戸越銀座	品川区戸越2-8-18	03-6426-6912
20	珈琲さいとう.	武蔵小山	品川区荏原2-17-19	03-3787-4008
21	きつねとはちみつ	池上	大田区池上6-31-3	03-3752-8155
22	シビタス	蒲田	大田区西蒲田7-69-1 東急プラザ蒲田 4F	03-3733-5775
23	自家焙煎 珈琲苑	川崎	川崎市川崎区駅前本町7-5 大西ビル2F	044-211-8920
24	COFFEE SHOP リラ	鶴見	横浜市鶴見区豊岡町2-1	045-581-6437
25	珈琲専門店 珈琲家	稲田堤	川崎市多摩区菅1-2-19 川崎ビル1F	044-945-0935
26	イワタコーヒー店	鎌倉	鎌倉市小町1-5-7	0467-22-2689
27	スマート珈琲店	京都	京都市中京区寺町通三条上ル 天性寺前町537	075-231-6547
28	純喫茶アメリカン	大阪道頓堀	大阪市中央区道頓堀1-7-4	06-6211-2100
29	アラビヤコーヒー	大阪道頓堀	大阪市中央区難波1-6-7	06-6211-8048
30	喫茶サンシャイン	東梅田	大阪市北区曽根崎2-11-8 日興ビルB2F	06-6313-6797
31	萩原珈琲店 元町サントス	神戸	神戸市中央区元町通2-3-12 神戸元町1番街	078-331-1079

【著者紹介】
遠藤　功（えんどう　いさお）
ローランド・ベルガー日本法人会長。早稲田大学商学部卒業。米国ボストンカレッジ経営学修士(MBA)。三菱電機株式会社、米系戦略コンサルティング会社を経て、現職。経営コンサルタントとして、戦略策定のみならず実行支援を伴った「結果の出る」コンサルティングとして高い評価を得ている。ローランド・ベルガーワールドワイドのスーパーバイザリーボード(経営監査委員会)アジア初のメンバーに選出された。株式会社良品計画社外取締役。SOMPOホールディングス株式会社社外取締役。日鉄日新製鋼株式会社社外取締役。株式会社マザーハウス社外取締役。株式会社ドリーム・アーツ社外取締役。コープさっぽろ有識者理事。
『現場力を鍛える』『見える化』『現場論』『生きている会社、死んでいる会社』(以上、東洋経済新報社)、『新幹線お掃除の天使たち』(あさ出版)など、ベストセラー著書多数。

「ホットケーキの神さまたち」に学ぶビジネスで成功する10のヒント

2019年5月2日発行

著　者――遠藤　功
発行者――駒橋憲一
発行所――東洋経済新報社
〒103-8345　東京都中央区日本橋本石町 1-2-1
電話＝東洋経済コールセンター　03(5605)7021
https://toyokeizai.net/

取材協力………小林里絵／杉村佳世子／古城隆文
ブックデザイン……上田宏志〔ゼブラ〕
写　真…………今祥雄
イラスト…………小林マキ
ＤＴＰ…………アイランドコレクション
校　正…………加藤義廣／佐藤真由美
編集アシスト……田中順子
プロモーション……笠間勝久
進行協力………山下裕子（ローランド・ベルガー）
印　刷…………ベクトル印刷
製　本…………ナショナル製本
編集担当………中里有吾／若林千秋

ISBN 978-4-492-50307-2